SOZINHO AO REDOR DO MUNDO

Copyright da tradução e desta edição © 2023 by Edipro Edições Profissionais Ltda.

Título original: *Sailing Alone Around the World*. Publicado pela primeira vez no Canadá em 1900 por The Century Company. Traduzido com base na 1ª edição.

Todos os direitos reservados. Nenhuma parte deste livro poderá ser reproduzida ou transmitida de qualquer forma ou por quaisquer meios, eletrônicos ou mecânicos, incluindo fotocópia, gravação ou qualquer sistema de armazenamento e recuperação de informações, sem permissão por escrito do editor.

Grafia conforme o novo Acordo Ortográfico da Língua Portuguesa.

1ª edição, 2023.

Editores: Jair Lot Vieira e Maíra Lot Vieira Micales
Produção editorial: Carla Bettelli
Edição de textos: Marta Almeida de Sá
Assistente editorial: Thiago Santos
Preparação de texto: Thiago de Christo
Revisão: Aline Canejo
Diagramação: Estúdio Design do Livro
Capa: Desenho Editorial

Dados Internacionais de Catalogação na Publicação (CIP)
(Câmara Brasileira do Livro, SP, Brasil)

Slocum, Joshua, 1844-1909.
    Sozinho ao redor do mundo / Joshua Slocum ; tradução Alexandre Barbosa de Souza ; prefácio Lars Grael, Murillo Novaes. – 1. ed. – São Paulo : Edipro, 2023.

    Título original: Sailing Alone Around the World
    ISBN 978-65-5660-111-3 (impresso)
    ISBN 978-65-5660-112-0 (e-pub)

    1. Slocum, Joshua, 1844-1909 - Viagens 2. Spray (Veleiro) 3. Viagens ao redor do mundo 4. Viagens marítimas I. Grael, Lars. II. Novaes, Murillo. III. Título.

23-145011   CDD-910.45

Índice para catálogo sistemático:
1. Viagens marítimas : Narrativas de viagens 910.45

Aline Graziele Benitez - Bibliotecária - CRB-1/3129

São Paulo: (11) 3107-7050 • Bauru: (14) 3234-4121
www.edipro.com.br • edipro@edipro.com.br
@editoraedipro   @editoraedipro

O livro é a porta que se abre para a realização do homem.
Jair Lot Vieira

JOSHUA SLOCUM

SOZINHO AO REDOR DO MUNDO

Prefácio

Lars Grael

Vencedor de duas medalhas na Classe Tornado (bronze) nos Jogos Olímpicos de Verão de 1988, em Seul, e em Atlanta, nas Olimpíadas de 1996. Sagrou-se Campeão Mundial na Classe Snipe em dupla com seu irmão, Torben Grael. Foi dez vezes campeão sul-americano e 32 vezes campeão nacional de vela em classes olímpicas e pan-americanas. Secretário Nacional dos Esportes entre 2001 e 2002 e secretário da Juventude, Esportes e Lazer do Estado de São Paulo de 2003 até 2006. Em 2015, na Argentina, conquistou o título mundial da Classe Star. Em 2017, sagrou-se vice-campeão mundial da Classe Star na Dinamarca. Em 2018, conquistou o título de campeão do Hemisfério Ocidental em Miami e foi vice-campeão europeu na Alemanha, na Classe Star. É autor de dois livros que narram sua trajetória. Dedica-se a causas sociais por intermédio do esporte desde 1998, quando fundou o Instituto Rumo Náutico (Projeto Grael), que atendeu a dezenas de milhares de jovens por meio da vela e de outras atividades náuticas.

Murillo Novaes

É escritor, jornalista e velejador. Foi diretor de redação da revista *Velejar* e editor da revista *Iate Life*, e também é colaborador da revista *Náutica*. Foi comentarista de vela da Rádio Eldorado, comandou o MitVela na Mitsubishi FM e também foi comentarista na Bradesco Esportes FM. Participou de transmissões ao vivo de regatas no Brasil na TV aberta e fechada, entre outras atividades relacionadas à vela. Foi narrador e comentarista oficial das Olimpíadas e Paralimpíadas do Rio 2016 e da regata de volta ao mundo no Brasil. Publicou quatro livros, entre eles, o *best-seller Lobos do Mar*, em parceria com Torben Grael. Como navegador e *skipper* profissional, participou de algumas das mais prestigiadas regatas de oceano do Brasil e do Mediterrâneo e já navegou mais de 60 mil milhas nos mares do mundo.

Tradução

Alexandre Barbosa de Souza

Foi editor de algumas das maiores casas editoriais do Brasil, como Biblioteca Azul, Cosac Naify e Editora 34. Também autor, escreveu *Livro de poemas*, *Viagem a Cuba*, *XXX*, *Azul escuro* e *Autobiografia de um super-herói*. É responsável pela versão brasileira de grandes clássicos, como *Moby Dick* e *Alice através do espelho*. Também traduziu, pela Editora Edipro (pelo selo Via Leitura), os clássicos *1984* e *A revolução dos bichos*, de George Orwell, *O retrato de Dorian Gray*, de Oscar Wilde, e *Walden*, de Henry David Thoreau, entre outros. Traduz obras do inglês, francês e espanhol.

O *Spray*.
Fotografia feita em águas australianas.

Àquele que disse
"O *Spray* voltará!".

PREFÁCIO

Joshua Slocum é um ícone, um marco na história da navegação — e, portanto, da própria humanidade. Ele inaugurou uma nova modalidade de desafios oceânicos e também, possivelmente, um novo gênero na literatura de aventura. Este livro que ora tem em mãos é o relato de seu imenso feito, a primeira circum-navegação solitária do globo terrestre, concluída em 1898, em um pequeno veleiro de 11 metros, o *Spray*.

O relato de viagens é parte constituinte da história e da literatura mundial. As narrativas, em terceira ou primeira pessoa, sempre fascinaram todos. Durante séculos, autores clássicos povoaram a imaginação de incontáveis leitores, como Homero, com suas *Ilíada* e *Odisseia*, e Ibn Battuta,[1] o jovem muçulmano do século XIV que nos legou sua obra *Al-Rihla* (*A viagem*), resumida da melhor forma por seu longo título original: *Um presente para aqueles que contemplam as maravilhas das cidades e o assombro das viagens.*

No entanto, foi o texto leve, bem-humorado, confessional e despretensioso de Slocum, nos fins do século XIX, que instou milhares de subsequentes

---

1. Mohamed bin Abdullah bin Mohammed Al-Lawati Al-Tangi (c. 1305-1370), mais conhecido como Ibn Battuta, foi um viajante, estudioso e explorador berbere. No mundo islâmico ele é conhecido como o príncipe dos viajantes em virtude de sua famosa jornada realizada entre 1325 e 1353, quando percorreu cerca de 120 mil quilômetros. (N.E.)

viajantes-navegadores a narrar em suas próprias vozes os assombros e as mazelas de seus caminhos. As estantes dos homens do mar e da aventura, desde então, estão abarrotadas desses relatos. Navegar e escrever um livro para compartilhar a experiência tornou-se quase obrigação depois do imenso sucesso que este livro, *Sozinho ao redor do mundo*, alcançou.

Joshua Slocum nasceu na Nova Escócia, no Canadá, segundo ele mesmo, "num lugar gelado, na geladíssima North Mountain", em 20 de fevereiro de 1844, oriundo de uma família que tinha o mar no sangue e na mente. Embora seu pai tenha sido, também segundo suas palavras, "ancorado" pela herança de uma velha fazenda de olaria e não pudesse estar sobre as águas tanto quanto gostaria, mais tarde, a família, cujo nome original era Slocumbe, se mudaria para a barra da Baía de Fundy, ainda no leste canadense, e o pai abriria um negócio de sapatos de couro que forneceria botas para os pescadores locais.

Joshua ajudava o pai, mas eram as visitas à avó materna, cuidadora do farol de Southwest Point, e as velejadas com os amigos pela baía que realmente encantavam o pequeno Slocum. Com 14 anos, ele fugiu de casa para ser cozinheiro a bordo de um pesqueiro, porém "a tripulação se amotinou quando saiu meu primeiro pudim, e me 'deu o pé' antes que eu tivesse uma oportunidade de brilhar como artista culinário", escreveria ele com seu peculiar humor.

Contudo, nada o impediria de viver no mar. Depois de um breve período de volta à casa, aos 16 anos de idade, após perder sua mãe quando esta daria à luz o seu décimo irmão, ele se juntou a um amigo e, em Halifax, alistou-se como reles marinheiro em um cargueiro com destino a Dublin, na Irlanda. Apenas dois anos depois, já seria segundo imediato e já teria cruzado o temível Cabo Horn duas vezes.

Como tripulante do cargueiro inglês *Tanjore*, antes dos 20 anos de idade, Joshua Slocum já havia desembarcado na Batávia (atual Jacarta), nas Índias Orientais Holandesas, nas Ilhas Molucas e em Manila, Hong Kong, Saigon e Singapura. Como devotado homem do mar, Slocum rapidamente subiu na hierarquia para se tornar imediato em navios britânicos que transportavam carvão e grãos entre as Ilhas da Grã-Bretanha e de São Francisco, onde fez uma requisição de cidadania e, assim, se tornou cidadão estadunidense.

Por volta de 25 anos de idade, assumiu seu primeiro comando em uma escuna que fazia a cabotagem entre São Francisco e Seattle. Logo depois, tornou-se capitão de um navio — à época, todos a vela, vale ressaltar — que fazia a travessia do Pacífico. Posteriormente, ele se tornaria proprietário ou sócio de diversas outras embarcações.

No entanto, não foram apenas as águas que marcaram a vida de Joshua Slocum; as letras também se fizeram presentes. E, mesmo antes do imenso sucesso deste livro que agora você lê, fosse como correspondente de jornais ou escrevendo alguns pequenos relatos, o capitão Slocum mostrava talento para contar histórias. Muitas delas, curiosamente, envolvem o Brasil, país que ele visitou diversas vezes — inclusive numa circum-navegação solitária — e do qual aprendeu a gostar e admirava muito.

No Brasil, voluntária ou involuntariamente, ele participou de momentos históricos. Dois deles são especialmente interessantes. O primeiro foi quando, após soçobrar seu navio *Aquidneck* na Baía de Paranaguá, em fins de 1887, usando os despojos do naufrágio e matéria-prima e ajuda local, ele construiu um barco de 35 pés para velejar de volta com a família para os Estados Unidos. O barquinho seria lançado ao mar exatamente no dia da Abolição da Escravatura no Brasil — 13 de maio de 1888 —, e, por isso, foi batizado como *Liberdade*, assim mesmo, em português. A aventura ensejaria um livro chamado *A viagem do Liberdade*, sua estreia literária como narrador de aventuras marítimas.

Anos depois, enquanto a jovem república brasileira, já liderada por Floriano Peixoto, combatia revoltosos na própria armada e no sul do país na Revolução Federalista, Slocum foi contratado para trazer ao Brasil um inovador vaso de guerra. O *Destroyer* era um navio de 40 metros de comprimento, concebido pelo inventor sueco-americano John Ericsson. Equipado com placas blindadas e um canhão submarino montado na proa, era uma evolução da classe de navios de combate *Monitor*, da Guerra Civil Americana. O *Destroyer* podia disparar uma forma ancestral de torpedo com um alcance de 100 metros. E o governo central contava com ele como trunfo contra os rebeldes. Ele jamais chegaria ao seu destino final — o sul do Brasil.

Segundo o próprio Joshua Slocum, a travessia no *Destroyer* seria, de longe, a pior viagem jamais empreendida por ele. "A viagem mais difícil que já fiz, sem nenhuma exceção. Minha viagem do Brasil para casa no barco *Liberdade*, com minha família como tripulação, há alguns anos, embora tenha sido muito mais longa, não foi da mesma natureza atribulada", escreveria.

De fato, tudo o que poderia dar errado deu. O navio já saiu de Nova Jersey fazendo água e quase afundou algumas vezes. Teve de ser reparado em Porto Rico; depois, na Martinica. Enfrentou algumas tempestades severas e, quando chegou a Fernando de Noronha e finalmente a Recife, seu estado era deplorável. O barco seria rebocado ainda, com uma tripulação brasileira, para o arsenal da Bahia, e lá sofreria um acidente, seria abandonado e iria a pique.

Para Slocum, a empreitada tinha dois motivos — financeiros e vingativos. Como ele mesmo descreve, seu combinado com o comandante das forças do governo era "ir contra a frota rebelde e afundá-los todos, se pudéssemos encontrá-los — grandes e pequenos —, por uma bela soma de ouro". Entretanto, ele viu também a possibilidade de se vingar de um antigo desafeto, o almirante Custódio de Melo. Ninguém menos que o líder da Revolta da Armada, que ameaçou bombardear o Rio de Janeiro e obrigou a renúncia do Marechal Deodoro da Fonseca e, mais tarde, se voltaria também contra seu sucessor, Floriano Peixoto. "Eu estava louco para pegar o Melo e seu *Aquidabã*. Foi ele que, naquele navio, expulsou o *Aquidneck* da Ilha Grande há alguns anos, sob o pretexto covarde de que poderíamos estar doentes a bordo. Eu estava louco para que ele soubesse que desta vez eu tinha dinamite nos porões em vez de feno", confessou um raivoso Slocum à época.

O episódio histórico que trouxe Joshua Slocum ao Brasil, como comandante de um navio de guerra, um ano antes de sua legendária volta ao mundo em solitário, narrada neste seu presente livro, traz ainda alguns outros fatos curiosos.

Joaquim Nabuco classificou os tripulantes americanos contratados por Floriano Peixoto, com dinheiro emprestado do banqueiro americano Charles Flint, como vis mercenários e "a pior escória de flibusteiros americanos". Entre eles, obviamente, estava o insuspeito capitão Slocum. Posteriormente, a "frota Flint" ficaria mais conhecida na imprensa da época como a "frota de papel", assim denominada porque os prometidos navios vindos de Nova York jamais entraram efetivamente em combate.

E, por fim, o almirante Melo, no comando do *Aquidabã* depois de combater mais de 3 mil homens em Niterói, então capital do estado do Rio de Janeiro, obrigando a mudança da sede para Petrópolis por alguns anos, saiu sob fogo dos fortes da Baía de Guanabara e de Copacabana rumo à cidade de Desterro, no Sul, para se juntar aos federalistas. Sua derrota naquela localidade para tropas leais ao presidente Floriano Peixoto foi o motivo pelo qual a então Desterro teve seu nome mudado para Florianópolis por ordem do governador Hercílio Luz. Nosso herói, ainda que meio ao acaso, fez parte de ocasiões definidoras da história do Brasil.

Quando retornou aos Estados Unidos no *Liberdade*, em um momento em que as embarcações a vapor já tomavam conta da navegação mercantil, Joshua Slocum se viu um pouco abatido. Embora houvesse também trabalhado em navios movidos a carvão, ele era essencialmente um velejador. E a perspectiva de estar no mar sem velejar o desanimava. A perda do seu *Aquidneck* e o enorme prejuízo financeiro que isso acarretou o fizeram buscar novos desafios. Sua falta de perspectivas imediatas o deixou aberto a diferentes propostas. E foi assim que, em 1891, um amigo lhe falou de um barco semiabandonado em Fairhaven, Massachusetts, que precisava de um novo dono. Imediatamente, a ideia lhe interessou e, durante dois árduos anos, ele reformou, praticamente sozinho, o *Spray*, de 36 pés.

O antigo barco de pesca de ostras estava bastante deteriorado. Com pouco mais de 500 dólares à época (o equivalente a pouco menos de 20 mil reais hoje) e muito trabalho, entre os quais derrubar a machadadas, ele mesmo, um carvalho para fazer o mastro, o capitão Slocum concluiu seu projeto em 1892. Precisamente em 21 de junho daquele ano o reformado *Spray* seria lançado às águas.

Joshua e seu novo barco fariam algumas viagens pela costa leste da América do Norte e, ao final do ano seguinte, 1893, ele empreenderia a desastrada travessia no *Destroyer* até o Brasil. De volta a Boston em 1894, Slocum começou a nutrir novamente um antigo sonho: dar uma volta ao mundo velejando sozinho. Nesse sentido, curiosamente, podemos afirmar que o Brasil, de uma forma ou de outra, exerceu um papel preponderante no destino que o levaria a empreender a histórica navegação em solitário do planeta.

Foi no dia 24 de abril de 1895 que Joshua Slocum e o *Spray* deixaram Boston, nos Estados Unidos, para, pouco mais de três anos depois e mais de 46 mil milhas náuticas navegadas, em 27 de julho de 1898, retornar triunfante a Newport, Rhode Island, como o primeiro ser humano a dar uma volta ao mundo sozinho velejando pelos oceanos da Terra.

É essa jornada histórica que está narrada neste volume, na voz e na verve do seu capitão. Um livro seminal da vela e da navegação que inspirou milhares de outros, comandantes e autores, a se lançar em seus próprios desafios. Não à toa, se chamava *Joshua* o veleiro do também legendário Bernard Moitessier, aquele que poderia ter sido o primeiro a empreender uma volta ao mundo, a vela, em solitário, sem escalas, mas preferiu não o fazer quando liderava a Golden Globe Race em 1968 por puro amor ao mar e à poesia — uma outra bela história narrada em outro livro fantástico, *O longo caminho*.

Estar na companhia de Slocum e compartilhar de seus sentimentos e suas impressões, eternizados no texto que se segue, é, sem dúvida, um privilégio. Por isso saudamos esta bem-vinda reedição deste clássico no Brasil. Os leitores de língua portuguesa, navegantes ou não, têm agora mais uma oportunidade de travar contato com o que de melhor o gênero humano produziu. Homens como Joshua Slocum são raros e necessários. Tê-los por perto é motivo de prazer e alegria. Boa leitura e bons ventos sempre!

Lars Grael e Murillo Novaes

CAPÍTULO I

Na bela região da Nova Escócia, província marítima, há uma cordilheira chamada North Mountain, de onde se avista, de um lado, a Baía de Fundy, e, do outro, o vale fértil de Annapolis. Na vertente norte da cordilheira crescem firmes abetos, próprios para construção naval, com os quais muitas embarcações de todas as classes foram construídas. O povo desse litoral, também firme, robusto e forte, é disposto a competir no comércio mundial, e não há demérito nenhum para o mestre marinheiro se o local mencionado em sua certidão de nascimento é a Nova Escócia. Nasci num lugar gelado, na geladíssima North Mountain, num frio 20 de fevereiro, mas sou cidadão dos Estados Unidos — um ianque naturalizado, se é que podemos dizer que o novo-escocês não é ianque no verdadeiro sentido da palavra. Os dois lados da minha família são de marinheiros; e, quando um Slocum não se dedicava à vida no mar, ao menos revelava inclinação para elaborar modelos de barcos e planejar viagens. Meu pai era aquele homem que, em um naufrágio em uma ilha deserta, conseguiria voltar para casa se tivesse um canivete e encontrasse uma árvore. Sabia avaliar bem um barco, mas herdou, por uma fatalidade, uma velha fazenda de olaria, o que o prendeu como uma verdadeira âncora. Ele não tinha medo de ventania e nunca se sentava nos fundos na igreja nem se eximia de participar dos antigos reavivamentos.

Quanto a mim, o maravilhoso mar me fascinou desde o início. Aos 8 anos de idade, eu já navegava com outros meninos na baía, com grande risco de afogamento. Quando rapaz, ocupei o importante posto de cozinheiro em uma escuna de pesca; mas não fiquei muito tempo na cozinha, pois a tripulação se amotinou quando saiu meu primeiro pudim e me "deu o pé" antes que eu tivesse uma oportunidade de brilhar como artista culinário. O passo seguinte rumo à meta da felicidade me levou para diante do mastro de um navio a vela em uma viagem ao estrangeiro. Assim, cheguei "vindo de baixo", e não pela janela da cabine, ao comando de uma embarcação.

O *Northern Light*, comandado por Joshua
Slocum, rumo a Liverpool, em 1885
(ilustração de W. Taber).

Meu melhor comando foi o do magnífico *Northern Light*, do qual fui um dos proprietários. Eu tinha motivos para me orgulhar desse barco, pois, naquela época — nos anos 1880 —, era o melhor veleiro americano em atividade. Mais tarde, naveguei no *Aquidneck*, que também foi meu, um pequeno veleiro que me parecia, de todas as obras humanas, a mais bela, quase perfeita, e que, em termos de velocidade, não devia nada aos navios a vapor se houvesse vento; fui seu capitão por quase vinte anos, quando deixei seu convés no litoral do Brasil, onde o *Aquidneck* naufragou. Minha viagem de volta a Nova York com minha família foi feita na canoa *Liberdade*, sem nenhum acidente.

Todas as minhas viagens foram ao estrangeiro. Viajei em cargueiros da marinha mercante principalmente para a China, para a Austrália e para o Japão, e entre as Ilhas das Especiarias [Molucas]. Minha vida não foi uma longa espera enrolando cabos em terra firme, terra de cujos costumes e modos acabei quase me esquecendo. Então, quando as coisas pioraram para os cargueiros, e tentei abandonar o mar, não havia mais o que um velho marinheiro pudesse fazer da vida. Nasci em meio à brisa e estudei o mar como talvez apenas alguns homens estudaram, deixando todo o restante de lado. Minha segunda paixão, além das viagens marítimas, foi a construção naval. Sempre quis dominar as profissões ligadas a essas duas áreas e, modestamente, com o tempo, realizei meu desejo. Dos conveses de sólidos navios, enfrentando as piores tempestades, fiz cálculos sobre o tamanho e o formato de uma embarcação que fosse a mais segura para qualquer condição de tempo e para todo tipo de mar. Assim, a viagem que estou prestes a narrar foi um resultado natural do meu amor pela aventura, mas, também, da experiência de uma vida inteira.

No auge do inverno de 1892, em Boston — onde eu havia sido, por assim dizer, vomitado pelo velho oceano um ou dois anos antes —, quando eu cogitava se devia me candidatar a um comando e voltar a comer meu pão com manteiga no mar ou se ia trabalhar no estaleiro, encontrei um velho conhecido, capitão baleeiro, que me disse "Vamos para Fairhaven, que te arrumo um barco!". "Mas você vai precisar fazer algumas reformas", ele acrescentou.

A proposta do capitão, depois de mais bem explicada, me pareceu muito satisfatória. Incluía toda a assistência que eu precisaria para deixar a embarcação em condições de viajar. Aceitei de bom grado, pois eu já havia descoberto que era impossível conseguir trabalho no estaleiro sem antes pagar cinquenta dólares para uma associação, e, quanto ao comando de um navio, não havia embarcações suficientes à disposição. Quase todos os nossos maiores veleiros haviam sido convertidos em barcas de carvão e eram vergonhosamente rebocados pela proa de porto em porto, enquanto muitos valorosos capitães se aposentavam em Sailors' Snug Harbor.

No dia seguinte, desembarquei em Fairhaven, do outro lado de New Bedford, e descobri que meu amigo havia me pregado uma peça. Durante sete anos, a peça havia sido pregada nele. O "barco" era uma chalupa muito antiga, chamada *Spray*, que os vizinhos diziam ter sido construída no ano 1 depois de Cristo. A embarcação fora estacionada de forma cuidadosa em um campo, a uma certa distância da água salgada, e estava coberta com uma lona. O povo de Fairhaven, nem precisaria dizê-lo, é parcimonioso e observador. Durante sete anos, as pessoas se perguntavam "O que será que o capitão Eben Pierce vai fazer com o velho *Spray*?". No dia em que cheguei, houve um alvoroço de especulações. Enfim, alguém iria de fato fazer alguma coisa com o velho *Spray*. "Imagino que você vá demolir, não?", perguntavam-me. "Não, vou reconstruir!", eu respondia. Ficaram muito espantados. "Será que vale a pena?", questionaram-me durante um ano ou mais, e eu respondia que faria valer a pena.

Derrubei com meu machado um grande carvalho da região para fazer uma quilha, e o sitiante Howard, por uma pequena quantia, trouxe esse e outros troncos para compor a estrutura da nova embarcação. Montei uma caixa de vapor e uma caldeira. Os troncos das costelas, de árvores jovens e retas, foram descascados e aquecidos no vapor até se tornarem flexíveis e, depois, foram curvados sobre um cepo, onde ficaram amarrados até se fixar. Todo dia alguma coisa tangível aparecia como fruto do meu trabalho, e assim eu fui construindo uma convivência social com a vizinhança. Foi um grande dia na doca seca do *Spray* quando o novo leme foi posicionado e acoplado à nova quilha. Capitães baleeiros vieram de longe para acompanhar. Em uníssono, eles bradaram "O A1!", e, de acordo com o que acreditavam: "Ele é próprio para quebrar gelo!". O mais velho desses capitães apertou calorosamente minha mão quando os vaus foram colocados, declarando que ele não via motivo para o *Spray* não "ir atrás de baleias" no litoral da Groenlândia. A estimadíssima peça do leme foi feita da espessura da base do melhor tipo de carvalho de pastagem. Mais tarde, essa peça racharia um recife de coral ao meio nas Ilhas Keeling sem sofrer um arranhão. Não há madeira melhor para um barco que o carvalho-branco de pastagem. Os vaus, assim como todo o cavername, eram dessa madeira, e foram aquecidos no vapor e dobrados no formato desejado. Em março, foi difícil quando comecei a trabalhar para valer; o tempo estava frio, mas ainda assim havia muitos inspetores para me aconselhar. Quando aparecia um capitão baleeiro, eu simplesmente descansava um pouquinho e confraternizávamos, fazendo um "gam".

New Bedford, lar dos capitães baleeiros, conecta-se a Fairhaven por uma ponte — de um ponto a outro, é uma boa caminhada. Nunca me incomodaram esses valiosos "acompanhantes entusiasmados" do meu trabalho no estaleiro. Foram suas fascinantes histórias sobre a caça de baleias no Ártico que me inspiraram a instalar um conjunto duplo de vaus no *Spray* para conseguir desviar do gelo.

As estações passaram depressa enquanto eu trabalhava. Quando o cavername ficou pronto, as macieiras estavam em flor. E logo depois vieram margaridas e cerejas. Perto do local de onde o velho *Spray* agora ressurgia, repousavam as cinzas de John Cook, venerado peregrino, pai fundador do país, de modo que o novo *Spray* se ergueu em terreno sagrado. Do convés da nova embarcação, eu podia estender a mão e colher cerejas que cresciam sobre a pequena sepultura. As tábuas de pinheiro da Geórgia do novo barco, que logo instalei, tinham uma polegada e meia de espessura. Essa instalação foi tediosa, mas, depois dela, a calafetagem foi fácil. As frestas por fora continuavam um pouco abertas para receber a calafetagem, mas as frestas por dentro eram tão estreitas que eu não enxergava a luz do sol entre elas. Todas as extremidades foram presas com parafusos, com porcas apertando-as aos troncos, portanto, não haveria nenhuma queixa quanto a isso. Muitos parafusos e porcas foram usados em outras partes da construção; no total, cerca de mil. Minha intenção era deixar meu veleiro firme e forte.

Ora, é uma lei do Lloyd's o fato de *Jane*, mesmo reformada, por não ser inteiramente nova, ainda ser chamada de *Jane*. O *Spray* transformou-se de forma tão gradual que é difícil dizer a partir de que ponto o velho morreu ou o novo nasceu, e isso não teve importância alguma. Construí as amuradas com baluartes de carvalho-branco de catorze polegadas e as cobri com pinheiro-branco de sete oitavos de polegada. Esses baluartes, encaixados a uma tábua de revestimento de duas polegadas, eu os calafetei com cunhas finas de cedro. Eles continuaram perfeitamente firmes desde então. O convés, eu o fiz de pinheiro-branco de uma polegada e meia por três, pregado em vigas de seis por seis polegadas, de pinheiro-amarelo ou da Geórgia, com espaçamento de 3 pés entre cada viga. Os compartimentos eram, um sobre a abertura da escotilha principal, de 6 por 6 pés, para a cozinha, e uma caixa, mais perto da popa, de cerca de 10 por 12 pés, para a cabine. Ambos se erguiam cerca de 3 pés acima do nível do convés e desciam o suficiente para oferecer espaço para a cabeça. Nos espaços laterais da cabine, por baixo do convés, organizei um beliche para dormir e prateleiras para um pequeno depósito, sem esquecer um lugar para guardar remédios. No centro da embarcação, isto é, no espaço entre a cabine e a cozinha, por baixo do convés, havia espaço para armazenar água, carne salgada, etc., amplo o bastante para muitos meses.

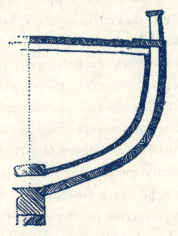

VISTA DO CORTE TRANSVERSAL DO *SPRAY*.

Quando o casco do meu barco foi ficando pronto, com toda a força da madeira e do ferro, e com os compartimentos divididos, passei a calafetar a embarcação. Alguns demonstraram graves temores de que nesse momento eu fosse fracassar. Eu mesmo cheguei a pensar que seria aconselhável chamar um "calafate profissional". Muitos acharam um erro a primeira investida que dei no algodão com o ferro, embora eu achasse que tivesse feito certo. "Isso vai soltar, assim!", exclamou um sujeito de Marion que passava com um cesto de mariscos nas costas. "Vai soltar!", gritou outro de West Island quando me viu enfiando algodão nas frestas. Bruno simplesmente balançou o rabo. Até o senhor Ben J., famosa autoridade em navios baleeiros, cuja lucidez, contudo, dizia-se que variava, perguntou confiante se eu não achava que "ia ficar muito frouxo".

— Qual velocidade você espera? — perguntou meu amigo, velho capitão, que já havia sido arrastado por muitos cachalotes. — Diga-nos a velocidade para que cheguemos ao porto a tempo! — exclamou ele.

"Isso vai soltar!"

No entanto, enfiei um chumaço de estopa por cima do algodão, como era minha intenção desde o início. E Bruno novamente balançou o rabo. O algodão nunca se "soltou". Ao terminar a calafetagem, passei duas demãos de tinta de cobre no fundo e duas de chumbo branco no convés e nas amuradas. O leme foi, então, acoplado e pintado, e, no dia seguinte, o *Spray* foi lançado. Ao baixar sua antiga e enferrujada âncora, ele se aprumou na água como um cisne.

As dimensões do *Spray*, ao terminar, eram de 36,75 pés de extensão: no total, 14,16 pés de largura e 4,16 pés de profundidade; sua tonelagem, 9 toneladas líquidas e 12,71 toneladas brutas.

Então, o mastro, um elegante abeto de New Hampshire, foi fixado, e também todos os pequenos acessórios necessários para um passeio curto. As velas foram instaladas, e lá fomos nós, meu amigo capitão Pierce e eu, através da baía de Buzzard em um passeio de teste — deu tudo certo. Meus amigos na praia só se importavam em saber, agora, se tudo teria valido a pena. O custo do meu novo barco foi de 553,62 dólares de material e treze meses do meu trabalho. Fiquei muito mais meses do que isso em Fairhaven, pois arranjei trabalhos ocasionais de reforma de embarcações baleeiras ao longo do porto, e isso me fez ficar por lá mais tempo.

CAPÍTULO II

Passei uma temporada no meu novo barco pescando no litoral, mas descobri que não tinha a astúcia necessária para colocar a isca no anzol. Contudo, por fim, chegou o momento de içar a âncora e partir para o mar propriamente. Eu havia decidido fazer uma viagem ao redor do mundo, e, como o vento na manhã de 24 de abril de 1895 estava bom, ao meio-dia, icei âncora, abri as velas e zarpei de Boston, onde o *Spray* havia ficado confortavelmente ancorado o inverno inteiro. Os apitos do meio-dia soavam quando a chalupa zarpou a todo pano. Uma prancha curta foi posta no porto apoiada na amurada de bombordo; depois, contra o vento, a chalupa se virou para o mar, com a retranca bem a bombordo, e passou pelas balsas animadamente. Um fotógrafo no ancoradouro externo de East Boston fez uma fotografia no momento em que passamos com a bandeira no topo do mastro se desfraldando abertamente. Um ímpeto de excitação pulsou dentro de mim. Meus passos ficaram leves no convés e ao vento fresco. Senti que não havia mais volta e que estava entrando em uma aventura cujo significado eu compreendia profundamente. Pouco me aconselhara com outras pessoas, pois tinha direito às minhas opiniões em assuntos relativos ao mar. O fato de que marinheiros melhores poderiam se sair pior do que eu sozinho me ocorreu quando estava a uma légua das docas de Boston, quando um grande navio a vapor, com toda a tripulação, com seus oficiais, e seus pilotos, encalhou e naufragou. Era o *Venetian*. O navio se partiu ao meio contra um rochedo, de modo que, na primeira hora da minha viagem sozinho, tive provas de que o *Spray* poderia, pelo menos, fazer melhor do que aquele vapor tripulado, pois eu já estava mais adiantado em minha viagem do que ele. "Preste atenção, *Spray*, e tome cuidado", eu disse em voz alta ao meu barco, cruzando a baía em silêncio feérico.

O vento esfriou, e o *Spray* contornou Deer Island a uma velocidade de sete nós. Ultrapassando a ilha, a chalupa seguiu diretamente para Gloucester, em busca de uma loja de artigos de pesca. As ondas dançavam alegremente na Baía de Massachusetts, chocando-se com o barco, vindas do porto, formando miríades de gemas cintilantes que ficavam presas ao casco a cada solavanco. O dia estava perfeito; a luz do sol, clara e forte. Cada partícula de água lançada ao ar se tornava uma gema preciosa, e o *Spray*, saltando adiante, apanhava cada um desses colares do mar e atirava-os todos de volta. Todos viram minúsculos arco-íris sobre a proa, mas o *Spray* disparou seus próprios arcos naquele dia, como nunca vi antes. Seu bom anjo havia embarcado na viagem; isso eu pude ler no próprio mar.

A ousada Nahant logo foi avistada, depois Marblehead ficou para trás. Outros barcos também se dirigiam ao mar alto, mas nenhum deles ultrapassou o *Spray*, voando sozinho em seu curso. Ouvi o toque melancólico do sino de Norman's Woe quando passamos; e naveguei perto do recife onde a escuna *Hesperus* bateu. Ao meu lado, "ossos" de um naufrágio jaziam embranquecidos no litoral. Como o vento continuava fresco, posicionei a testa da vela grande para aliviar o leme da chalupa, pois mal conseguia controlá-la com a vela grande na frente. Uma escuna mais adiante recolheu todas as velas e voltou com os mastros nus ao porto; o vento era bom. Quando o *Spray* passou por ela, vi que estavam faltando algumas de suas velas, e muitas lonas rasgadas pendiam do aparelho como resultado de uma tempestade.

Rumei para a enseada, adorável braço do belo porto de Gloucester, para observar mais uma vez o *Spray* e fazer a pesagem para a viagem e ponderar meus sentimentos, e todas essas coisas. A baía estava branca quando minha pequena embarcação penetrou coberta de espuma. Tive a primeira experiência, numa embarcação, de aportar sozinho entre outros barcos. Velhos pescadores correram para o ancoradouro para o qual levei o *Spray*, aparentemente com intenção de atacar. Mal sei dizer como a calamidade foi evitada, mas, praticamente com o coração na boca, soltei o leme, corri para a proa e baixei a bujarrona. A chalupa naturalmente fez a volta com o vento e, avançando, postou-se, junto a uma pilastra no canto de barlavento do ancoradouro, de forma tão suave que não teria quebrado um ovo. Muito calmamente, passei um cabo em torno da pilastra. "Você não teria feito melhor, se pesasse uma tonelada!", exclamou um velho capitão. Ora, meu peso era de menos de um quinze avos de tonelada, mas eu não falei nada, apenas exibi um semblante de descuidada indiferença que equivalia a dizer "Ah, isso não foi nada!". Alguns dos marinheiros mais hábeis do mundo estavam olhando para mim, e minha intenção não era parecer um novato, pois planejava ficar em Gloucester por vários dias. Se tivesse dito uma palavra, certamente acabaria me traindo, pois eu ainda estava muito nervoso e ofegante.

Permaneci em Gloucester cerca de duas semanas, abastecendo-me de diversos artigos para a viagem que ali se obtinham com facilidade. Os proprietários das docas onde atraquei, e de muitos barcos pesqueiros, trouxeram a bordo bastante bacalhau seco e também um barril de óleo para acalmar as ondas. Eram também velhos capitães e demonstraram grande interesse em minha viagem. Eles deram de presente ao *Spray* uma "lanterna de pescador", que descobri ser capaz de lançar luz a uma grande distância ao redor de si. Na verdade, quem atropelasse um barco com uma luz dessas a bordo seria capaz de atropelar até um navio-farol. Uma gafa, um gancho e uma rede, todos apetrechos sem os quais um velho pescador declarou ser impossível navegar, foram postos a bordo. Então, do outro lado da enseada, chegou um engradado de tinta de cobre, famigerado artigo anti-incrustante que me seria útil muito depois. Passei duas demãos dessa tinta no fundo do *Spray* ao longo de uma maré ou duas na doca seca.

A fim de ter um bote para carregar comigo, logo cortei ao meio um dóri encalhado, fechando com tábuas a extremidade cortada. Eu conseguiria içar esse meio dóri pela proa facilmente, enganchando a adriça em um estropo feito com essa finalidade. Um dóri inteiro seria pesado e desajeitado demais para que eu o manejasse sozinho. De fato, não havia espaço no convés para mais do que meio bote — o que, afinal, era melhor do que bote nenhum —, e ele era grande o bastante para um homem sozinho. Percebi, além disso, que esse meio dóri serviria de máquina de lavar roupa, quando posicionado transversalmente, e também de banheira. A bem da verdade, graças a uma dessas outras utilidades, meu dóri cortado ganhou tal reputação nessa viagem que minha lavadeira em Samoa logo viu naquilo uma nova invenção, superior a qualquer ideia ianque levada pelos missionários àquelas ilhas, e não aceitou um não como resposta; fez questão de ficar com a máquina de lavar.

A falta de um cronômetro para a viagem era agora a única coisa que me preocupava. Com base nos novos conceitos de navegação, supostamente um marinheiro não consegue encontrar seu caminho sem um cronômetro; eu mesmo me deixara levar por essa linha de raciocínio. Meu velho cronômetro, muito bom, por sinal, estava em desuso havia muito tempo; me custaria quinze dólares para limpá-lo e ajustá-lo. Quinze dólares! Com razão, acabei deixando esse relógio em casa, que é, como se diz, onde o holandês deixa sua âncora. Eu tinha uma grande lanterna, e uma senhora em Boston me enviou uma lamparina de dois lumes que iluminava a cabine à noite e, ajustada, servia de forno durante o dia.

Assim aparelhado, mais uma vez, eu estava pronto para ganhar o mar; então, no dia 7 de maio, zarpei. Como havia pouco espaço para manobrar, ao avançar, o *Spray* acabou arranhando a pintura de uma bela e antiga embarcação no caminho, coberta de betume e pintada para uma viagem de veraneio. "Quem vai pagar por isso?", rosnaram os pintores. "Eu pago!", eu disse. "Com a vela grande!", respondeu o capitão do *Bluebird*, barco que estava próximo, como quem quisesse dizer que eu estava errado. Não havia grande coisa a pagar além de cinco centavos pela pintura, talvez, mas uma desavença começou entre o velho "veranista" e o capitão do *Bluebird*; este tomou, então, meu partido, e a questão original foi esquecida. Seja como for, não recebi até agora nenhuma cobrança.

O tempo estava ameno no dia da minha partida de Gloucester. Mais adiante, conforme o *Spray* deixava para trás a enseada, a paisagem tornou-se agitada, pois, na frente de uma fábrica de altas chaminés, havia uma revoada de lenços e chapéus. Belos semblantes apareceram nas janelas de alto a baixo do edifício, sorridentes, todos desejando *bon voyage*. Alguns gritaram para mim perguntando aonde eu ia e por que ia sozinho. Por quê? Quando fiz menção de ficar, cem pares de braços se estenderam como se dissessem "Venha, mas o litoral é perigoso!". A chalupa deixou a baía contra um vento fraco de sudoeste e, por volta do meio-dia, afastou-se de Eastern Point, recebendo, nesse momento, uma calorosa saudação — a última das muitas gentilezas enviadas de Gloucester. Passado o promontório, o vento refrescou, e, saltando suavemente, logo o *Spray* estava fora do alcance das luzes de Thatcher's Island. Dali, seguindo para leste, pela bússola, para rumar para o norte de Cashes Ledge e Amen Rocks, sentei-me e considerei toda a empreitada mais uma vez, e me perguntei de novo se seria melhor não navegar para além dos rochedos e das pedras, afinal. Eu só tinha dito que daria a volta ao mundo sozinho no *Spray*, "sem considerar os perigos do mar", mas talvez tivesse falado sério demais. O "fretamento" firmado comigo mesmo me obrigava, então, segui viagem. Ao anoitecer, arrastei a chalupa ao vento e, lançando um anzol, tentei fisgar peixes de águas profundas, em trinta braças de mar, à altura de Cashes Ledge. Pesquei com êxito até escurecer, trazendo ao convés três bacalhaus e dois hadoques, uma pescada e, o melhor de tudo, um pequeno halibute,[2] muito parrudo e serelepe. Pensei que era a hora de aproveitar para estocar mais provisões do que eu já tinha, então, lancei uma âncora que mantivesse a proa a barlavento. Como a correnteza vinha de sudoeste, contra o vento, achei que encontraria o *Spray* ainda naquele banco de areia ou nas imediações pela manhã. Então, "afastando" o cabo e pendurando minha lanterna grande no aparelho, deitei-me, pela primeira vez sozinho no mar, não para dormir, mas para cochilar e sonhar.

Li uma vez sobre uma escuna de pesca cuja âncora se enganchou em uma baleia, e esta arrastou a embarcação por muito tempo e em alta velocidade. Isso foi exatamente o que aconteceu ao *Spray* — no meu sonho! Não consegui me desvencilhar completamente desse sonho quando acordei e vi que

---

2. Designação comum aos peixes teleósteos pleuronectiformes, do gênero *Hippoglossus*, da família dos pleuronectídeos, encontrados no Atlântico e no Pacífico, de grande valor comercial. (N.E.)

o vento estava forte; o mar pesado perturbou meu breve repouso. Diante da Lua passava uma nuvem carregada; uma tempestade estava se formando — na verdade, já estava armada. Rizei as velas, depois icei a âncora e, orçando o máximo que a chalupa suportava, rumei para longe dali em direção ao farol Monhegan, que alcançamos antes de amanhecer o dia 8 de maio. Havia vento, então, entrei no porto de Round Pond, pequeno ancoradouro ao leste de Pemaquid. Ali descansei naquele dia, enquanto o vento sacudia os pinheiros da costa. Contudo, na manhã seguinte, o dia estava bonito, então, me preparei para zarpar, não sem, antes, registrar tudo em meu diário de bordo desde Cape Ann, sem omitir um detalhado relato sobre a minha aventura com a baleia.

O *Spray*, rumando para leste, percorreu a costa entre muitas ilhas e sobre um mar tranquilo. Ao anoitecer de 10 de maio, chegamos a uma ilha considerável, na qual sempre pensarei como ilha das rãs, pois nela o *Spray* foi embalado por um milhão de vozes. Da ilha das rãs, passamos pela ilha das aves, chamada de Gannet Island e, às vezes, de Gannet Rock, onde há um farol brilhante, intermitente, que piscava espaçadamente sobre o convés do *Spray* conforme íamos nos aproximando da costa, sob sua luz e à sua sombra. Daí em diante, traçando curso até Briar's Island, deparei com outros barcos na tarde seguinte, nas zonas de pesca a oeste, e, depois de falar com um pescador ancorado, que me passou uma rota equivocada, o *Spray* navegou diretamente rumo ao rochedo a sudoeste, passando pela pior corrente de maré na Baía de Fundy, e chegou ao porto de Westport, na Nova Escócia, onde eu havia passado oito anos da minha vida quando era jovem.

O pescador talvez tivesse dito "lés-sudeste", direção em que eu estava indo quando o abordei; mas achei que ele tivesse dito "lés-nordeste", e, por isso, alterei minha rota. Antes mesmo de se decidir por uma resposta, ele aproveitou a ocasião para satisfazer a própria curiosidade, perguntando-me de onde eu era, se estava sozinho e se não tinha "nem *catchoro* nem gato". Foi a primeira vez na minha vida no mar que ouvi uma saudação respondida com perguntas. Creio que o sujeito fosse das Foreign Islands. Uma coisa, no entanto, era certa, ele não era de Briar's Island, porque se desviou de um borrifo de água que subiu acima da amurada e, detendo-se para secar a água do rosto, deixou escapar um belo bacalhau que saltara em seu convés. Um ilhéu não teria feito isso. Todos sabem que um nativo de Briar's Island, com ou sem peixe em seu anzol, jamais se desviava de água do mar. Um briarlandês simplesmente cuidaria de suas linhas e suas cargas ou "serras". Não, afinal, eu não tinha visto meu velho amigo, o diácono W. D., um bom homem da ilha, durante um sermão na capela na colina, estender a mão para fora de seu púlpito e "fisgar" uma lula imaginária no corredor central, para intenso deleite dos jovens, que não se davam conta de que, para pescar bons peixes, é preciso usar boas iscas, a principal coisa a ocupar a mente do diácono?

"Nem *catchoro* nem gato?"

A "FISGADA" DO DIÁCONO.

Fiquei contente ao chegar a Westport. Qualquer porto teria sido um bálsamo depois da terrível maré de retorno de sudoeste em que eu me debatera, e o fato de me encontrar entre velhos colegas de escola foi delicioso. Era o dia 13 do mês, e 13 é meu número de sorte — fato registrado muito antes de o doutor Nansen navegar à procura do Polo Norte com sua tripulação de treze homens. Talvez ele tivesse ouvido falar do meu sucesso na extraordinária viagem ao Brasil com o mesmo número de homens a bordo. Fiquei contente ao rever as pedras de Briar's Island, todas elas minhas conhecidas. O mercadinho da esquina, que havia trinta e cinco anos que eu não revia, estava idêntico, exceto pelo fato de parecer bem menor. O telhado era o mesmo — disso eu tinha certeza, pois não era o mesmo telhado onde os meninos, noite após noite, perseguiam gatos pretos, a fim de levá-los, em uma noite escura, para fazer unguento para um pobre paralítico? Lowry, o alfaiate, morava ali quando os meninos eram meninos. Nessa época, ele adorava armas de fogo. Sempre andava com pólvora no bolso do casaco. Geralmente, estava com um cachimbinho na boca; mas, em um dia fatídico, pôs o cachimbinho, aceso, no bolso da pólvora... O senhor Lowry era um sujeito excêntrico.

Em Briar's Island, suspendi o *Spray* na doca seca mais uma vez para verificar a calafetagem, mas descobri que nem a provação da maré de retorno havia afetado o casco. Com o tempo ruim e muito vento contra lá fora, não tive pressa para contornar Cape Sable. Fiz uma breve excursão com alguns amigos até a Baía de Saint Mary, antiga zona de cruzeiros, e voltei para a ilha. Então, zarpei, aportando em Yarmouth no dia seguinte por conta de um nevoeiro e dos ventos contrários. Passei alguns dias aprazíveis em Yarmouth, comprei manteiga para a viagem, além de um barril de batatas, enchi seis barris de água e armazenei tudo embaixo do convés. Também em Yarmouth, adquiri meu famoso relógio de lata, o único que levei comigo na viagem inteira. O preço era um dólar e cinquenta centavos, mas, como o mostrador estava amassado, o vendedor me fez por um dólar.

O cronômetro do capitão Slocum.

CAPÍTULO III

Amarrei bem todos os mantimentos, pois o tempestuoso Atlântico estava diante de mim, e removi o mastaréu ciente de que o *Spray* passaria melhor com o mastaréu deitado no convés. Então, puxei as adriças e amarrei-as de novo; vi que o galindréu estava firme e, também, que o bote permanecia bem preso. Sabe-se que, mesmo no verão, se encontra tempo ruim nesta travessia.

De fato, muitas semanas de mau tempo se sucederam. Em 1º de julho, após uma forte tempestade, o vento passou a soprar de noroeste, e o tempo se abriu, propício para uma boa navegação. No dia seguinte, o vento contrário amainou, zarpei de Yarmouth e deixei para trás meu último contato com a América. O primeiro registro em meu diário sobre o Atlântico a bordo do *Spray* diz, sucintamente: "9h30, zarpei de Yarmouth; 16h30, passei por Cape Sable; distância, a 360 braças da costa. Velocidade de 8 nós. Brisa fresca N.O.". Antes de o sol se pôr, eu estava jantando morangos e chá em águas plácidas, a sotavento da costa leste, que o *Spray* calmamente contornava.

Ao meio-dia de 3 de julho, Ironbound Island estava à minha frente. O *Spray* novamente navegava em suas melhores condições. Uma escuna grande partiu de Liverpool, Nova Escócia, nesta manhã, rumo ao leste. O *Spray* deixou-a para trás em cinco horas. Às 18h45, cheguei bem embaixo da luz do farol de Chebucto Head, perto do porto de Halifax. Hasteei minha bandeira e segui em frente, partindo de George's Island antes de escurecer, para passar ao leste de Sable Island. Há muitos faróis ao longo da costa. Sambro, o Rochedo das Lamentações, tem um nobre farol, que, contudo, o vapor *Atlantic*, na noite de seu terrível desastre, não avistou. Observei as luzes dos faróis se apagando atrás de mim enquanto avançava rumo ao mar ilimitado, até que Sambro, o último farol, sumisse abaixo do horizonte. O *Spray* estava, então, sozinho, e, navegando, manteve seu curso. Em 4 de julho, às 6 da manhã, encontrei recifes e, às 8h30, contornei-os todos. Às 21h40, divisei o brilho do farol da ponta oeste de Sable Island, que talvez também pudesse se chamar ilha das tragédias. O nevoeiro, que até aquele momento não havia surgido, então, baixou sobre o mar como um dossel. Eu estava em um mundo de neblina, isolado do universo. Não vi mais o farol. Pela sonda que lancei amiúde, apurei que, pouco depois da meia-noite, estava passando pela ponta leste da ilha e logo estaria livre dos perigos da costa e dos bancos de areia. O vento estava bom, embora viesse com o nevoeiro, de su-sudoeste. Dizem que, em poucos anos, Sable Island diminuiu, de 40 milhas de extensão para 20, e que, dos três faróis construídos na ilha desde 1880, dois foram destruídos pela água, e o terceiro está prestes a ser engolido.

Ao anoitecer de 5 de julho, o *Spray*, depois de navegar o dia inteiro em mar agitado, resolveu seguir em frente sem ajuda do timoneiro. Vínhamos rumo ao su-sudeste, mas, com o vento nos levando um pouco mais adiante, entramos em um corredor liso, rumo ao sudeste, chegando a 8 nós, nossa velocidade máxima. Recorri a todas as velas para atravessar o rastro de vapores transatlânticos sem perda de tempo e para alcançar o quanto antes a amistosa Corrente do Golfo. Quando o nevoeiro se dissipou, antes de anoitecer, fui presenteado com uma visão do Sol assim que este tocou o mar. Assisti ao Sol se pôr até que desaparecesse. Então, me virei para o leste, e lá, aparentemente na ponta do gurupés, estava a sorridente Lua crescente nascendo de dentro do mar. Netuno em pessoa, se surgisse da proa, não teria me sobressaltado tanto. "Boa noite, Lua!", exclamei. "Que bom te ver!" Depois disso, tive muitas e longas conversas com a Lua; ela foi minha confidente durante a viagem.

"Boa noite, Lua!"

Por volta da meia-noite, o nevoeiro se fechou novamente, mais denso do que nunca. Parecia possível pisar na neblina. A névoa permaneceu assim por alguns dias, e o vento se tornou um vendaval. As ondas cresceram, mas meu barco era bom. Mesmo assim, naquela bruma desolada, eu me senti à deriva na solidão erma, um inseto sobre uma folha entregue à fúria dos elementos. Amarrei o leme, e meu barco manteve seu curso; enquanto eu velejava, adormeci.

Durante esses dias, uma sensação de temor reverente se instalou lentamente dentro de mim. Minha memória trabalhou com surpreendente capacidade. O ominoso, o insignificante, o grande e o pequeno, o maravilhoso e o banal — tudo apareceu em minha mente em uma sucessão mágica. Foram evocadas páginas da minha história que eu julgara havia tanto tempo esquecidas que pareciam pertencer a uma outra existência, anterior. Ouvi todas as vozes do passado gargalhando, gritando, contando o que eu as ouvira contar em muitas regiões da Terra.

A solidão passou quando a tempestade despencou, e tive muito trabalho a fazer. Quando o bom tempo voltou, a solidão retornou, e não consegui me desvencilhar dela. Usei bastante a voz, a princípio, dando ordens sobre os afazeres a bordo, pois me disseram que, pelo desuso, eu poderia acabar perdendo a fala. Quando o sol atingiu o plano meridiano, eu disse em voz alta "Oito badaladas!", seguindo o costume dos barcos no mar. Outra vez, da minha cabine, gritei para um timoneiro imaginário "Como está indo aí?", e depois: "Está mantendo o curso?". No entanto, como não havia resposta, minha situação manifestou-se de forma mais palpável. Minha voz soou oca no ar vazio, e abandonei esse exercício. Contudo, logo me ocorreu que, quando eu era rapaz, costumava cantar; por que não experimentar isso agora, onde não perturbaria ninguém? Meu talento musical nunca despertou inveja em alguém, mas, no Atlântico... seria preciso ter me ouvido cantar para entender o que eu quero dizer. Toninhas[3] saltavam quando ergui minha voz para as ondas e o mar e tudo o que havia nele. Velhas tartarugas, de olhos enormes, puseram a cabeça para fora quando cantei *Johnny Boker* e *We'll Pay Darby Doyl for his Boots*, e coisas do gênero. Mas as toninhas, em geral, pareciam apreciar meu canto muito mais do que as tartarugas; elas saltavam cada vez mais alto. Um dia, eu cantarolava minha canção favorita, acho que era *Babylon's a-Fallin'*, quando uma toninha saltou por cima do gurupés. Se o *Spray* estivesse indo um pouco mais depressa, ela teria sido apanhada no convés. As gaivotas voaram em círculos, um tanto intimidadas.

---

3. Designação comum aos cetáceos marinhos da família dos focenídeos, encontrados em vários mares e oceanos do mundo. De porte geralmente pequeno, não ultrapassa 2 metros de comprimento e tem um aspecto semelhante ao dos golfinhos, dos quais diferem especialmente pelo focinho curto. É um dos menores mamíferos dos oceanos. Vive perto das zonas costeiras e em estuários, sendo por isso a espécie de sua família mais conhecida dos observadores de baleias. (N.E.)

Ele me enviou também seu cartão.

Dia 10 de julho, oito dias no mar, o *Spray* estava 1.200 milhas a leste de Cape Sable. Deve-se considerar 150 milhas por dia um bom desempenho para um barco tão pequeno. Era a maior distância que o *Spray* jamais percorreria, antes ou depois, em tão poucos dias. Ao entardecer de 14 de julho, com humor melhor do que nunca, toda a tripulação exclamou "Vela à vista!". Era um bergantim, três pontos aproado, aquartelando. Então, anoiteceu. Meu barco navegava agora sem que eu precisasse prestar atenção ao leme. O vento era sul; estávamos indo para o leste. As velas ficaram entreabertas como a casca de um náutilo. Seguiram constantemente assim ao longo da noite. Saí com frequência ao convés, mas tudo estava bem. Uma brisa alegre continuava a soprar do sul. Bem cedo, na manhã do dia 15, o *Spray* estava perto de abordar um navio estrangeiro, que se mostrou ser

La Vaguisa, de Vigo, que deixara a Filadélfia havia vinte e três dias, rumo a Vigo. Um sentinela em seu mastro avistou o *Spray* na noite anterior. O capitão, quando me aproximei, atirou um cabo para mim e enviou-me uma garrafa de vinho amarrada pelo gargalo, e era um vinho muito bom. Ele me enviou também seu cartão, que trazia o nome Juan Gantes. Achei-o um sujeito simpático, como os espanhóis costumam ser, mas, quando pedi que me "perdoasse" (pois o *Spray* passara por sua embarcação velozmente), ele ergueu os ombros acima da cabeça; e quando seu imediato, que sabia da minha expedição, contou ao capitão que eu viajava sozinho, ele se benzeu e entrou em sua cabine. Nunca mais o vi. Quando o sol se pôs, o *La Vaguisa* estava tão para trás quanto estivera à frente na tarde anterior.

Agora haveria cada vez menos monotonia. Em 16 de julho, o vento era noroeste, tempo claro, mar liso, e uma grande embarcação, aquartelada, foi avistada a sotavento, era o *Java* de Glasgow, vindo do Peru rumo a Queenstown levando encomendas. Às 14h30, falei com o capitão estrangeiro. O velho era um sujeito rude como um urso; aliás, um dia, no Alasca, encontrei um urso mais simpático. Pelo menos, aquele urso parecia contente por me encontrar, mas não este velho pardacento! Bem, creio que minha saudação interrompeu sua *siesta*, e minha pequena chalupa passando ao lado de seu grande navio de alguma forma teve sobre ele o efeito de um pano vermelho diante de um touro. Levei vantagem sobre embarcações pesadas, por incrível que pareça, nos ventos mais brandos daquele dia e dos dois dias anteriores. O vento era brando; o barco dele era pesado e velho, avançando pouco, enquanto o *Spray*, com uma vela grande enfunada até por vento brando, simplesmente deslizava com toda agilidade desejada. "Há quanto tempo está essa calmaria por aqui?", esbravejou o capitão do *Java* quando me aproximei. "Não sei, capitão", berrei com todas as forças. "Cheguei por aqui não faz muito tempo." Ouvindo disso, o imediato no castelo de proa abriu um sorriso. "Saí de Cape Sable faz catorze dias", acrescentei. (Naquela altura, eu já me aproximava dos Açores.) "Imediato!", ele esbravejou ao primeiro oficial. "Imediato, venha aqui e escute a conversa desse ianque. Abaixe a bandeira, imediato, abaixe a bandeira!" Com o melhor dos humores, afinal, o *Java* se rendeu ao *Spray*.

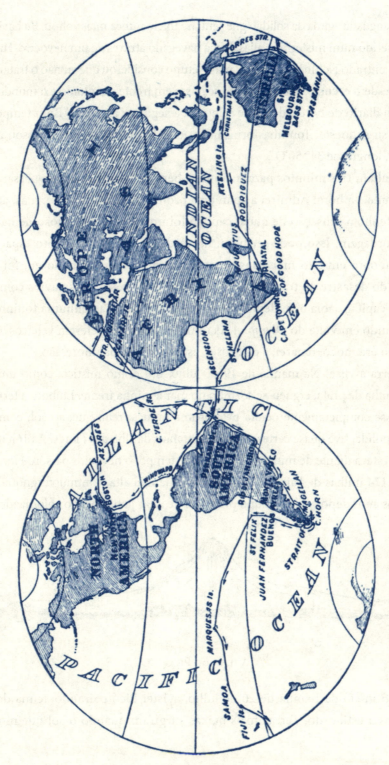

Mapa mostrando o percurso do *Spray* ao redor do mundo de 24 de abril de 1895 a 3 de julho de 1898.

A angústia aguda da solidão que senti no início nunca mais voltou. Eu havia me inserido num mistério, e, aliás, havia navegado através de um nevoeiro. Havia encontrado Netuno em sua ira, mas Netuno considerou que eu não o tratara com desdém e, então, aceitou que eu seguisse em frente e explorasse o mundo.

No diário de bordo de 18 de julho, há a seguinte entrada: "Bom tempo, vento su-sudoeste. Toninhas brincando ao redor. O *SS Olympia* passou às 11h30, longitude 34° 50'O.".

"Faltam três minutos para meio-dia", berrou o capitão, ao me passar a longitude e a hora. Admirei a aparência profissional do *Olympia*; mas, até hoje, tenho a sensação de que o capitão foi um pouco meticuloso demais na abordagem. Isso pode ser bom, na verdade, quando há muito espaço de manobra em alto-mar. Mas um excesso de confiança, creio eu, foi a causa do desastre do transatlântico *Atlantic*, e muitos outros navios como ele. O capitão sabia bem demais onde estava. Não havia nenhuma toninha brincando em volta do *Olympia*! As toninhas sempre preferem veleiros. O capitão era moço, reparei, e eu causei, espero, uma boa impressão.

Terra à vista! Na manhã de 19 de julho, um domo místico, como uma montanha de prata, ergueu-se sozinho no mar à minha frente. Embora a terra estivesse completamente oculta pela bruma branca, reluzente, ao sol, como prata polida, tive quase certeza de que se tratava da Ilha das Flores. Às 16h30, a ilha estava diante de mim. Ao longo desse tempo, o nevoeiro passou. Flores fica a 174 milhas de Faial, e, embora seja uma ilha alta, continuou ignorada muitos anos depois que o grupo principal de ilhas já havia sido colonizado.

A ILHA DO PICO.

No início da manhã de 20 de julho, avistei Pico pairando acima das nuvens a estibordo. Terras mais baixas surgiram quando o sol queimou a névoa matinal, e ilha após ilha foram aparecendo. Conforme fui me aproximando, avistei campos cultivados, "e, oh, tão verdes milharais!". Só quem já viu os Açores do convés de um barco conhece a beleza das imagens oceânicas.

Às 16h30, lancei âncora em Faial, exatamente dezoito dias depois de sair de Cape Sable. O cônsul americano, em um pequeno bote, veio acompanhando o *Spray* até chegarmos ao quebra-mar, e um jovem oficial naval, que temia pela segurança da minha embarcação, subiu a bordo e ofereceu seus serviços como piloto. O rapaz, não tenho por que duvidar, podia ser capaz de manobrar uma fragata, mas o *Spray* era pequeno demais para o magnífico uniforme que ele usava. No entanto, depois de estragar todas as embarcações atracadas e afundar uma balsa, o *Spray* atracou sem grandes prejuízos a si próprio. Esse piloto fantástico ainda ficou esperando uma gratificação, pelo que entendi, mas não saberia dizer se por que seu governo, e não eu, teria de pagar os custos de remoção da balsa afundada ou por ele não ter levado o *Spray* a pique. Mas eu o perdoo.

Era época das frutas quando cheguei aos Açores, e logo havia tantas frutas, de todos os tipos, a bordo, que nem me ocorria o que fazer com elas. Os ilhéus são sempre as pessoas mais generosas do mundo, e nunca encontrei corações tão bondosos quanto os da gente desse lugar. O povo dos Açores não faz parte de uma comunidade muito rica. A carga dos impostos é pesada, e há poucos privilégios obtidos em troca; praticamente apenas o ar que se respira não é taxado. A metrópole não permitia sequer um porto de entrada para um serviço postal internacional. Um paquete passando ali perto com correspondências para Horta precisava primeiro entregá-las em Lisboa, onde, oficialmente, seriam desinfetadas; na prática, pretendia-se somente cobrar a tarifa do paquete. Minhas cartas enviadas de Horta chegaram aos Estados Unidos seis dias depois da mensagem enviada de Gibraltar, postada treze dias depois.

No dia seguinte à minha chegada a Horta, houve uma festa de um grande santo. Barcos lotados de gente vieram das outras ilhas para celebrar em Horta, a capital, como se esta fosse a Jerusalém dos Açores. O convés do *Spray* ficou cheio, de manhã até a noite, com homens, mulheres e crianças.

No dia seguinte à festa, um bondoso nativo pegou uma carroça e me levou para passear pelas belas estradas de toda a Faial: "Porque", disse ele em inglês truncado, "quando estive na América, não falava uma palavra de inglês; achei difícil, até que conheci alguém que parecia ter tempo de escutar minha história, e prometi ao meu bom santo que, se algum dia um estrangeiro viesse ao meu país, eu tentaria fazê-lo feliz!". Por infortúnio, esse cavalheiro trouxe consigo um intérprete, para que eu pudesse "aprender mais sobre o país". E este sujeito quase acabou comigo, só falando de navios, viagens e barcos que havia comandado, o último assunto no mundo sobre o qual eu queria ouvir. Ele contou que viera de New Bedford "... trabalhando para Joe Wing, que chamavam de 'John'". Meu amigo e anfitrião mal teve oportunidade de dizer alguma coisa; contudo, antes da despedida, me ofereceu um jantar tão animado que teria alegrado o coração de um príncipe. Ele vivia sozinho em sua casa. "A esposa e as crianças repousam logo ali", ele me disse apontando para o cemitério da igreja em frente. "Mudei-me para esta casa, vindo de muito longe", ele continuou, "para ficar perto da campa, e rezo ali toda manhã".

Fiquei quatro dias em Faial, dois dias a mais do que pretendia. Foi a bondade dos ilhéus e sua comovente singeleza que me detiveram. Uma moça, inocente como um anjo, aproximou-se, um dia, e disse que embarcaria no *Spray* se eu a levasse até Lisboa. Ela podia cozinhar peixe-voador, mas seu forte era preparar *bacalhau*. Seu irmão, Antônio, que serviu de intérprete, achava que ele mesmo, pelo menos, gostaria de fazer essa viagem. Ele tinha saudades de um tal de John Wilson e estava disposto a velejar até a América, atravessando os dois cabos, para encontrar seu amigo. "Você conhece John Wilson, de Boston?", ele me perguntou. "Conheci um John Wilson", respondi, "mas não era de Boston". "Ele tinha uma filha e um filho", disse Antônio, como se isso ajudasse a identificar o amigo. "Se isto chegar ao John Wilson certo, peço para dizer-lhe que Antônio do Pico se lembra dele."

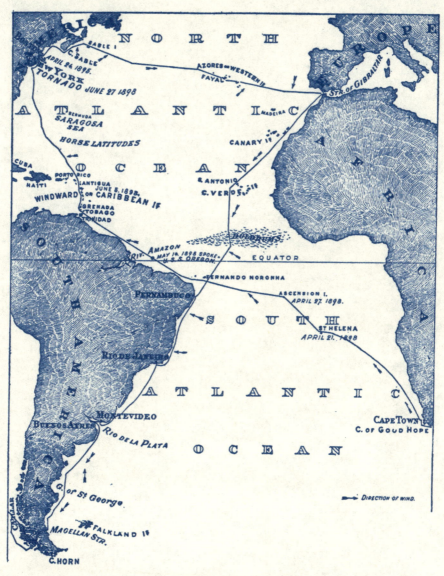

Mapa das viagens do *Spray* pelo Atlântico de Boston a Gibraltar, e daí até o Estreito de Magalhães, em 1895; e, finalmente, de volta para casa, partindo do Cabo da Boa Esperança, em 1898.

CAPÍTULO IV

Zarpei de Horta em 24 de julho. Naquela hora, o vento sudoeste estava brando, mas as rajadas começaram quando o sol nasceu; mal tive tempo de rizar minhas velas e já havia avançado uma milha. Eu tinha acabado de içar a vela grande, de dupla rizadura, quando uma rajada de vento vinda das montanhas atingiu a chalupa com tanta violência que achei que o mastro fosse quebrar. Contudo, rapidamente manobrei o leme a fim de levá-la para o vento. Na verdade, um dos cabos de sotavento foi arrancado, e o outro começou a se partir. Minha bacia de lata, levada pelo vento, passou voando na frente de um navio-escola francês. O dia inteiro foi assim, mais ou menos proceloso, velejando em terra alta; mas, contornando um penhasco, encontrei oportunidade de consertar o cabo partido pelo vendaval. Assim que recolhi minhas velas, um bote de quatro remos surgiu em meio às pedras com um oficial da alfândega a bordo que pensou que havia apanhado um contrabandista. Tive alguma dificuldade para fazê-lo entender a verdadeira situação. No entanto, um homem de sua tripulação, um típico marujo que sabia das coisas, enquanto proseávamos, saltou a bordo, apanhou os cabos novos que eu já havia preparado e amistosamente ajudou-me a "montar o aparelho". O incidente, então, acabou revertendo em meu favor. Nesse momento, minha história ficou clara para todos. Descobri que esse é o único caminho no mundo; quem não tem amigo, veja o que lhe acontece!

A APARIÇÃO NO CONVÉS.

Passando a Ilha do Pico, depois que o velame foi consertado, o *Spray* avançou para sotavento da Ilha de São Miguel, onde estávamos no início da manhã de 26 de julho, com o vento soprando forte. Mais tarde, naquele dia, passamos o belo iate a vapor do príncipe de Mônaco rumo a Faial, onde, em uma viagem prévia, o príncipe não dera as caras para "escapar de uma recepção" que os padres da ilha quiseram lhe aprontar. Não entendi por que ele temia a "ovação". Em Horta, eles não sabiam. Depois que cheguei às ilhas, vivi muito luxuosamente à base de pão fresco, manteiga, verduras e frutas de todos os tipos. As ameixas eram abundantes a bordo do *Spray*, e eu as devorava sem limites. Levei também um queijo branco do Pico, que o general Manning, cônsul-geral dos Estados Unidos, me dera; eu achei que deveria comê-lo e o comi com ameixas. Ai! À noite, me dobrei de cólicas. O vento, que se tornara uma brisa leve, estava ficando aos poucos mais forte, com um céu carregado a sudoeste. As velas estavam rizadas, e eu precisaria orçá-las de alguma forma. Em meio às cólicas, consegui descer a vela grande, arranquei as amarras como pude e amarrei-as novamente, em dupla rizadura. Como havia mar livre, eu deveria, por pura prudência, ter deixado tudo pronto e descido de uma vez para a cabine. Sou um homem cuidadoso no mar, porém, nessa noite, diante da tempestade anunciada, icei minhas velas, que, embora muito rizadas, ainda eram excessivas naquele tempo ruim, e vi que os panos estavam presos nos cunhos. Bem, em resumo, eu deveria ter verificado tudo com mais cuidado, mas não o fiz. Em vez disso, deixei a dupla rizadura na vela grande e a bujarrona inteira e pus a chalupa em seu curso. Depois, desci para a cabine e me deitei no chão sentindo muitas cólicas. Quanto tempo fiquei ali deitado, eu não saberia dizer, pois comecei a delirar. Quando voltei do que parecia ser um desmaio, percebi que a chalupa penetrava em um mar pesado, e, subindo para o convés, para meu espanto, vi um homem alto no leme. Sua mão, rígida, agarrava-se como uma prensa à roda do leme e a mantinha fixa. Pode-se imaginar minha perplexidade. A aparência do homem era a de um marinheiro estrangeiro, e o grande chapéu vermelho que ele usava estava inclinado sobre sua orelha esquerda; seu rosto era coberto por uma barba negra desgrenhada. Ele seria considerado um pirata em qualquer parte do mundo. Enquanto espiava seu aspecto ameaçador, me esqueci da tempestade e passei a me perguntar se ele estava ali para cortar minha garganta. Aparentemente adivinhando meu pensamento, ele tirou o chapéu e me disse: "*Señor*", ele falou tirando o chapéu, "não vim lhe fazer nenhum mal". E um sorriso, o mais discreto do mundo, mas ainda assim um sorriso, abriu-se em seu rosto. Não me pareceu cruel quando me explicou que não viera me fazer mal: "Sempre naveguei livremente pelos mares", ele disse, "mas nunca fui nada pior do que um contrabandista. Sou membro da tripulação de Colombo". Daí, prosseguiu: "Sou o piloto da caravela *Pinta* e vim para lhe ajudar. Deite-se tranquilamente, *señor capitán*". E completou: "Esta noite, eu conduzirei o seu barco. Você está com *calentura*, mas amanhã estará bem!". Pensei que ele devia ser o diabo em pessoa para velejar naquelas condições. Mais uma vez, ele leu meus pensamentos e exclamou: "A *Pinta* está logo adiante; precisamos abordá-la. Içar velas; içar velas! *Vale, vale, muy vale!*". E, arrancando com os dentes um bom pedaço de uma corda preta, continuou a falar: "Você errou, capitão, ao misturar queijo e ameixa. Queijo branco só é seguro quando sabemos a procedência. *Quien sabe*, era feito de *leche de capra* e se tornou caprichoso...".

"Já basta!", gritei. "Não estou com cabeça para lição de moral."

Bem rápido, estendi um colchão e me deitei, em vez de continuar no chão duro, mas mantive meus olhos fixos no estranho visitante, que, comentando outra vez que eu só estava com "cólica e febre", gargalhou e entoou uma canção selvagem:

> Altas vagas, bravias, brilhantes,
> alto fragor da borrasca!
> Altos gritos dos albatrozes!
> Altos Açores!

Imagino que eu já estivesse melhorando, pois, irritadiço, reclamei: "Detestei essa cantoria. O seu açor deveria estar num poleiro, aí teria sido uma ave de respeito!". Pedi para que me poupasse do restante da canção, se ainda houvesse outra parte. Eu ainda agonizava. Altos vagalhões invadiam o *Spray*, mas, em meu delírio febril, pensei que fossem botes caindo no convés, que estivadores descuidados os estivessem atirando dos vagões no cais onde eu imaginava que pudéssemos agora estar ancorados, e sem defensas para amortecê-los. "Assim, seus botes vão se quebrar!", gritei mais de uma vez enquanto ondas batiam na cabine acima da minha cabeça. "Seus botes vão se partir, mas você não vai estragar o *Spray*. O *Spray* é forte!", exclamei.

Descobri, depois de a cólica e a febre passarem, que o convés, agora branco como dente de tubarão, de tão lavado pelo mar, havia sido varrido de tudo que pudesse se mover. Ainda espantado, me vi, então, em pleno dia, e notei que o *Spray* continuava no curso em que o deixara, e ainda tão veloz quanto um cavalo de corrida. Nem o próprio Colombo teria sido capaz de manter curso tão exato. A chalupa havia feito noventa milhas durante a noite naquele mar encapelado. Senti gratidão pelo velho piloto espanhol, mas estranhei o fato de ele não ter usado a bujarrona. A tempestade estava amainando, e, ao meio-dia, o sol brilhava. O plano meridiano e a distância no registro da barquilha que eu sempre rebocava revelaram-me que havíamos percorrido um trajeto perfeito em vinte e quatro horas. Embora me sentisse bem melhor, ainda estava fraco, e não rizei as velas naquele dia ou na noite seguinte, mesmo com o vento brando; então, simplesmente estendi minhas roupas úmidas ao sol, quando ele saiu, e, me deitando no convés, adormeci. Eis que meu velho amigo da noite anterior resolveu me visitar, desta vez, em um sonho. "Você fez bem ontem à noite em seguir meu conselho", ele falou, "e, com sua permissão, eu gostaria de ficar com você ao longo desta viagem, só pelo meu amor à aventura". Concluindo o que tinha a dizer, de novo, ele tirou o chapéu e desapareceu tão misteriosamente quanto havia aparecido, voltando, imagino, para sua fantasmagórica caravela, *Pinta*. Despertei muito revigorado e com a sensação de que recebera um amigo, um marinheiro de vasta experiência. Recolhi minhas roupas, que a essa altura estavam secas, e, então, tomado por uma súbita inspiração, joguei ao mar todas as ameixas que restavam a bordo.

O dia 28 de julho foi excepcionalmente bom. O vento de noroeste estava brando, e o ar, ameno. Procurei e encontrei em meu guarda-roupa uma camisa branca e saí vestido com ela para o convés, enquanto o *Spray* se aproximava de um paquete com pessoas simpáticas a bordo. Também lavei roupas para tirar-lhes o sal. Depois disso tudo, fiquei com fome; então, acendi o fogo e preparei cuidadosamente peras cozidas e as reservei até encher um bule de um café delicioso que fiz; comi as peras e bebi o café, ambos com açúcar e creme. Mas o prato principal foi um guisado de peixe, e havia o suficiente para duas pessoas. Minha saúde voltou e meu apetite estava voraz. Enquanto jantava, deixei uma cebola grande cozinhando em cima da lamparina para comer mais tarde. Que vida boa, esse dia!

À tarde, o *Spray* deparou com uma grande tartaruga dormindo no mar. Ela só acordou, se é que acordou, quando meu arpão atravessou seu pescoço. Tive muita dificuldade para trazê-la ao convés, o que finalmente consegui enroscando a adriça na nadadeira, pois o animal era quase tão pesado quanto meu bote. Avistei mais delas, por isso deixei uma polia preparada para içar tartarugas até o convés; eu era obrigado a descer a vela grande sempre que as adriças eram usadas para esse propósito, e dava muito trabalho içar a vela grande toda vez. Filé de tartaruga era uma delícia: eu não tinha nenhuma crítica a fazer ao cozinheiro, e era a regra da viagem que o cozinheiro não fizesse críticas a mim. Nunca houve tripulação tão harmoniosa. O cardápio daquela noite foi filé de tartaruga, chá, torrada, batata frita e cebola cozida; a sobremesa, peras cozidas com creme.

A certa altura, naquela tarde, passei por uma boia de barril que flutuava à deriva. Estava pintada de vermelho e tinha um poste com bandeiras de sinalização de mais de um metro e oitenta de altura. Com uma súbita mudança de tempo se avizinhando, não encontrei mais tartarugas nem peixes até chegar ao próximo porto. No dia 31 de julho, uma tempestade se formou de repente, vinda do norte, com mar encapelado, então, rizei as velas. O *Spray* só percorreu cinquenta e uma milhas naquele dia. No dia 1º de agosto, a tempestade continuou, assim como a agitação no mar. Durante a noite, a chalupa seguiu à bolina, com a vela grande bem rizada e a bujarrona folgada. Às 15h, a bujarrona foi arrancada do gurupés e rasgada em trapos e fitas. Apoiei o "colosso" em um estai na latrina. Quanto à bujarrona, deixei estar; mas guardei alguns trapos, eu estava precisando... para usar à latrina.

Em 3 de agosto, a tempestade passou, e eu avistei alguns indícios de terra firme. Depois de sofrer os efeitos de um temporal embaixo do convés, resolvi me alimentar de um filão de pão; então, acendi o fogo no convés e deixei a massa assando. Logo um filão de pão ficou pronto. Um dos grandes atrativos da cozinha de bordo é que o apetite no mar é sempre bom — fato que confirmei quando cozinhei para a tripulação de pescadores, quando eu era garoto. Encerrado o jantar, sentei-me e li durante horas sobre a vida de Colombo, e, conforme o dia passava, fiquei observando as aves marinhas, todas voando na mesma direção. De repente, concluí algo e disse a mim mesmo: "A terra está para lá!".

Bem cedo, na manhã seguinte, dia 4 de agosto, avistei a Espanha. Vi fogueiras acesas na costa e deduzi que a região fosse habitada. O *Spray* continuou em seu curso até que a terra firme ficou bem próxima, o que se deu na altura de Trafalgar. A partir daí, mantendo-me a certa distância, passamos pelo Estreito de Gibraltar, onde lancei âncora às 15h do mesmo dia, menos de vinte e nove dias desde Cape Sable. Ao final desse trajeto preliminar, eu gozava de excelente saúde, sem fadiga, sem cãibra, melhor do que nunca em minha vida, embora estivesse fino como uma ponta de recife.

Ancorando em Gibraltar.

Avistei duas barcas italianas muito depois de já ter ancorado. Elas estiveram próximas de mim durante o dia e agora passavam para o lado africano do Estreito. O *Spray* as havia ultrapassado antes de chegarmos a Tarifa. Até onde eu sei, o *Spray* era mais rápido do que qualquer embarcação que cruzava o Atlântico, com exceção dos vapores transatlânticos.

Estava tudo bem, a não ser pelo fato de eu não ter trazido um atestado médico de Horta; e, quando o velho e ardoroso médico do porto veio fazer uma inspeção, houve uma desavença. Mas isso era justamente do que eu precisava. Se você quer o respeito de um britânico legítimo, é preciso, primeiro, discutir com ele. Eu sabia muito bem disso, então o fiz da melhor forma que pude. "Bem, sim", o doutor admitiu por fim, "a sua tripulação está saudável, sem dúvida, mas quem sabe as doenças de seu último porto?", um comentário bastante sensato. "Deveríamos levá-lo ao forte, senhor!", ele explodiu, mas depois ponderou: "Ah, não há de ser nada. O senhor está livre! Dê o fora, timoneiro!". E essa foi a última vez que vi o médico do porto.

Na manhã seguinte, entretanto, uma lancha a vapor, muito maior que o *Spray*, se aproximou — ou ao menos emparelhou o quanto podia emparelhar — com os cumprimentos do oficial naval mais graduado, o almirante Bruce, então disseram-me que havia um atracadouro para o *Spray* no arsenal. O arsenal ficava do outro lado do novo quebra-mar. Eu havia ancorado no velho quebra-mar, entre os barcos nativos, onde era mais rústico e desconfortável. Evidentemente, fiquei contente com a mudança e atraquei no local indicado assim que pude, pensando nas grandes companhias que o *Spray* teria entre fragatas de guerra como *Collingwood*, *Balfleur* e *Cormorant*, que estavam atracadas ali na ocasião, e a bordo das quais fui recebido mais tarde com grande magnificência.

"*Mete isso aí!*, como dizem na América", foi a saudação que recebi do almirante Bruce quando fui ao almirantado para agradecer pela cortesia do atracadouro e pelo uso da lancha a vapor que me rebocou até a doca. "Quanto ao atracadouro, muito bem, se lhe servir, o rebocaremos para fora quando você estiver pronto para zarpar. Mas, diga-me, que reparos você precisa fazer? *Ahoy, Hebe*, você pode emprestar seu fabricante de velas? O *Spray* precisa de uma bujarrona nova. Pronto, construir e consertar! Você cuida do *Spray*? Sabe, meu velho, você deve ter exigido bastante dessa chalupa para atravessar sozinho em vinte e nove dias! Mas aqui facilitaremos tudo para você!" Nem mesmo o navio de Sua Majestade, o *Collingwood*, foi mais bem tratado do que o *Spray* em Gibraltar.

O *Spray* já ancorado em Gibraltar.

Mais tarde, naquele mesmo dia, ouvi a saudação: "*Spray ahoy*! A senhora Bruce gostaria de subir a bordo e apertar a mão da tripulação do *Spray*. Seria conveniente ainda hoje?". "Muito!", gritei animado.

No dia seguinte, o senhor F. Carrington, na época, governador de Gibraltar, e outros altos oficiais da guarnição e todos os comandantes das fragatas vieram a bordo e assinaram seus nomes no diário de bordo do *Spray*. Novamente, ouvi a saudação: "*Spray ahoy*!" "Alô!" "Com os cumprimentos do comandante Reynolds. Você está sendo convidado a subir a bordo do *HMS Collingwood*, 'em casa' às 16h30. No mais tardar, às 17h30." Eu já havia me dado conta das limitações do meu guarda-roupa e sabia que jamais conseguiria me passar por um sujeito elegante. "De cartola e fraque!", foi o complemento do convite. "Então, não poderei comparecer", respondi. "Ora! Venha com a roupa que tiver; era isso que tínhamos em mente!", foi o que ouvi. "Sim, sim, senhor!", respondi prontamente. A festa no *Collingwood* foi animada, e se eu estivesse usando uma cartola de seda alta como a Lua não teria me divertido mais ou me sentido mais à vontade. O inglês, mesmo a bordo de uma fragata, relaxa quando um estrangeiro cruza sua prancha e, quando diz "sinta-se em casa", isso é realmente o que ele quer dizer.

Que Gibraltar era um lugar adorável, nem preciso dizer. Como tornar mais amável um povo já tão hospitaleiro? Verduras duas vezes por semana e leite toda manhã, trazidos das terras palacianas do almirantado. "*Spray ahoy!*", saudava o almirante. "*Spray ahoy!*" "Alô!" "Amanhã é seu dia de verdura, senhor." Ao que eu respondia: "Sim, sim, senhor!".

Perambulei bastante pela cidade velha, e um artilheiro me guiou pelas galerias de pedra até onde um estrangeiro tem permissão para ir. Não existe em nenhum lugar do mundo escavações, com propósitos militares, que sequer se aproximem das de Gibraltar em termos de concepção e de execução. Vendo pessoalmente aquelas obras estupendas, foi difícil me dar conta de que estava na Gibraltar do meu velho livrinho de geografia de Jedidiah Morse.[4]

Antes de zarpar, fui convidado para um piquenique com o governador, os oficiais da guarnição e os comandantes das fragatas ali atracadas; e foi um acontecimento digno da realeza. Uma lancha torpedeira, número 91, a 22 nós de velocidade, levou nosso grupo até a costa do Marrocos e nos trouxe de volta. O dia estava perfeito — perfeito demais, na verdade, para ficar à vontade na praia, de modo que ninguém desceu no Marrocos. O número 91 tremia como uma folha de álamo cruzando o mar na máxima velocidade. O tenente Boucher, aparentemente ainda um rapaz, estava no comando e manobrava seu barco com a habilidade de um velho marinheiro. No dia seguinte, almocei com o general Carrington, o governador, em Line Wall House, que outrora fora um convento franciscano. Nesse interessante casarão estão preservadas relíquias de catorze cercos sofridos por Gibraltar. No dia seguinte, jantei com o almirante em sua residência, o palácio, que outrora foi o convento dos mercedários. Em cada lugar, e por toda parte, senti o aperto amistoso de uma mão firme, que me deu força vital para passar os longos dias no mar que viriam. Devo confessar que a perfeita disciplina, a

---

4. Jedidiah Morse foi um geógrafo cujos livros didáticos se tornaram um item básico para estudantes nos Estados Unidos. Ele era o pai do pioneiro físico Samuel Morse — inventor do telégrafo com fios e do código Morse. Seus livros lhe renderam o apelido de "pai da geografia americana". (N.E.)

ordem e a alegria em Gibraltar eram apenas uma segunda maravilha dessa grande fortaleza. A vasta quantidade de negócios ocorrendo não provocava mais excitação do que a serena passagem de um bem-equipado navio em um mar liso. Ninguém levantava a voz, exceto um remador de quando em quando. O honorável Horatio J. Sprague, o venerável cônsul dos Estados Unidos em Gibraltar, honrou o *Spray* com uma visita no domingo, 24 de agosto, e ficou muito satisfeito ao descobrir que nossos primos britânicos haviam sido generosos com a chalupa.

CAPÍTULO V

Na segunda-feira, 25 de agosto, o *Spray* zarpou de Gibraltar, bem compensado por qualquer desvio que houvéssemos feito de seu curso para chegar àquele lugar. Um rebocador de Sua Majestade levou a chalupa para um lugar onde havia uma brisa constante, além do promontório, e lá as velas caçaram o vento, que nos levou mais uma vez para o Atlântico, onde esse vento rapidamente se converteu em um furioso vendaval. Meu plano era, ao descer a costa, ganhar o alto-mar, bem longe da terra, território dos piratas; mas eu ainda não havia me afastado de águas preservadas quando avistei uma *felucca* que saía do porto mais próximo e que, por fim, se aproximou do rastro do *Spray*. Ora, em minha rota até Gibraltar eu previa prosseguir pelo Mediterrâneo, através do Canal de Suez, até o Mar Vermelho, e seguir para leste, em vez de seguir a rota ocidental, que finalmente adotei. Influenciado por oficiais com vasta experiência em navegar esses mares, resolvi fazer a mudança de rota. Como havia muitos piratas nos dois litorais, não pude ignorar esse conselho. Porém, lá estava eu, enfim, certamente diante de piratas e ladrões! Alterei a rota da chalupa; a *felucca* também alterou a sua. Ambas as embarcações imprimiam grande velocidade, mas a distância foi ficando cada vez menor entre nós. O *Spray* vinha com magnífico desempenho; ainda melhor do que até então era o seu máximo; no entanto, apesar de tudo o que pude fazer, a chalupa acabaria sendo abordada. Levava vela demais por segurança. Precisei rizar, recolher mastros e arriscar tudo; não sabia se a *felucca* era navegada por piratas ou não. Precisei rizar, ainda que tivesse de me atracar com ela para lutar pela minha vida.

Eu estava rizando o mastro principal, içando — o que levou não mais de quinze minutos; mas a *felucca*, nesse meio-tempo, encurtou tanto a distância entre nós que pude ver os tufos de cabelos nas cabeças da tripulação — pelos quais, dizem, Mohammed puxará os ímpios para o céu —, e ela vinha veloz como o vento. Minha percepção foi de que a tripulação era composta de filhos de gerações de piratas, e eu entendi por meio de seus movimentos que se preparavam para me atacar. A exultação em seus semblantes, contudo, transformou-se num instante em um olhar de medo e raiva. A embarcação, com bastante vela, vinha na crista de uma grande onda, e esta mudou o aspecto das coisas de repente como um disparo de arma de fogo. Três minutos depois, a mesma onda alcançou o *Spray* e balançou toda a sua estrutura. Nesse exato momento, o estropo da vela mestra estourou, e a retranca se partiu perto do mastro. Impulsivamente, corri até a adriça e recolhi, num instante, a bujarrona. Sem a vela da proa, e descendo muito o leme, a chalupa avançou à bolina com um salto. Enquanto estava ali tremendo, no intervalo de um pensamento, recolhi a vela mestra e guardei-a sob o convés, assim como a retranca quebrada e tudo mais. Não sei dizer como consegui soltar a retranca antes que a vela se rasgasse, mas nenhum ponto da vela havia se rompido. Com a vela mestra guardada, removi também a bujarrona e, sem olhar para os lados, corri para a cabine, carreguei meu rifle e deixei os cartuchos à mão. Pelos meus cálculos, os piratas, àquela altura, já deviam ter retomado seu curso e estariam prestes a me abordar, e, quando eu os avistasse, seria melhor se fosse através da mira de um rifle. A arma estava apoiada em meu ombro quando espiei em meio ao nevoeiro, mas não havia nenhum pirata a uma milha de distância. A onda e a tempestade que estragaram minha retranca devem ter desmastreado totalmente a *felucca*. Avistei aquela tripulação de ladrões, cerca de uma dúzia deles ou mais, tentando recuperar o aparelho no mar. Que Allah escureça suas faces!

Perseguido por piratas.

Velejei à vontade apenas com a bujarrona e a vela de estai, que então passei a usar. Resgatei a retranca do mar e preparei a vela para usar à noite; então, mareei até dois pontos rumo ao alto-mar para compensar as correntes e as ondulações fortes em direção à costa. Isso me deu vento a três pontos no quadrante de estibordo e um vento constante nas velas de proa. Quando consegui deixar isso em ordem, já estava escuro, e um peixe-voador já havia caído no convés. Levei-o para a cabine, a fim de jantá-lo, mas me senti cansado demais para cozinhar ou até mesmo para comer algo já pronto. Não me lembro de ter me sentido tão cansado em toda a minha vida como me senti no final daquele dia. Exausto demais até para dormir, fiquei rolando com o balanço do barco até quase meia-noite, quando resolvi preparar logo meu peixe e um pouco de chá. Então, compreendi plenamente, se não o compreendia antes, que a viagem que tinha pela frente exigiria esforços ardorosos e constantes. No dia 27 de agosto, não vi mais sinal do mouro, ou de seu país, exceto por dois picos, ao longe, a leste, que eu divisava através da clara atmosfera da manhã. Pouco depois que o sol nasceu, até mesmo esses picos foram obscurecidos pela névoa, para minha grande satisfação.

O vento, durante alguns dias depois da minha fuga dos piratas, soprou o tempo todo, mas com rajadas moderadas, e o mar, embora estivesse agitado, com longos vagalhões, não estava crespo demais ou perigoso. Enquanto eu permaneci na minha cabine, mal me dei conta de que havia mar lá fora, de tão sereno que era o movimento e o balanço da chalupa sobre as ondas. Eliminada toda distração, e toda excitação, fiquei outra vez sozinho comigo mesmo, a me dar conta de que viajava sobre o poderoso oceano e nas mãos dos elementos. Mas eu estava feliz, e me tornava cada vez mais interessado na viagem.

Colombo, na caravela *Santa Maria*, velejando por esses mares mais de quatrocentos anos antes de mim, não estava tão feliz quanto eu nem tão certo do sucesso de sua empreitada. Seus primeiros problemas no mar já haviam começado. Sua tripulação conseguira, por imperícia ou por outro motivo, quebrar o leme durante uma tempestade provavelmente semelhante àquela pela qual o *Spray* havia passado; e houve uma desavença a bordo da caravela *Santa Maria*, algo impensável a bordo do *Spray*.

Depois de três dias de tempestades e vendavais, eu me recolhi para descansar e dormir, enquanto, com o leme fixado, a chalupa seguiu firme em seu curso.

No dia 1º de setembro, de manhã cedo, nuvens continentais surgiram adiante, revelando que as Ilhas Canárias não estavam muito distantes. Uma mudança de tempo ocorreu no dia seguinte: nuvens de tempestade estenderam seus braços, fechando o céu; do leste, ao que tudo indicava, podia estar vindo um feroz harmatã, ou do sul, talvez, viesse um tremendo furacão. Cada ponto cardeal continha uma ameaça de tempestade. Minha atenção se concentrou em rizar as velas, e não havia tempo a perder, pois o mar logo depois se tornou confuso, e me dei por satisfeito em me desviar três pontos ou mais do meu curso para poder navegar em segurança sobre as ondas. Agora, eu corria para o canal entre a África e a Ilha de Fuerteventura, a mais oriental das Canárias, aquela que procurava. Às 14h, com o tempo subitamente melhorando, já a avistei a estibordo, a não mais de sete milhas de distância. Fuerteventura tem 2.700 pés de altitude, e, com bom tempo, é visível a muitas léguas de distância.

O vento ficou mais fresco durante a noite, e o *Spray* atravessou com bom desempenho o canal. Ao amanhecer do dia 3 de setembro, estávamos já há 25 milhas de todas as ilhas quando se seguiu uma calmaria que seria prenúncio de outra rajada de vento, que trazia consigo a poeira da costa africana. O vento uivou melancolicamente enquanto durou, e, embora não fosse estação do harmatã, o mar no percurso de uma hora ficou descolorido com uma poeira marrom-avermelhada. O ar tornou-se denso com essa poeira suspensa durante a tarde inteira, mas o vento, mudando para noroeste ao anoitecer, varreu de volta a poeira para a costa e ofereceu ao *Spray*, mais uma vez, um céu claro. O mastro, curvado pela pressão forte e constante, e a vela enfunada varriam o mar, soltando água pelos embornais, saudando as ondas. Essas ondulações me entusiasmavam ao balançar minha chalupa, passando rapidamente por baixo da quilha. Era um velejar em grande estilo.

Em 4 de setembro, o vento, ainda fresco, soprou de nor-nordeste, e o mar subiu com a chalupa. Por volta do meio-dia, avistei um vapor, cargueiro de gado, vindo do Rio da Prata em direção ao nordeste, com dificuldades. Sinalizei para ele, mas não obtive resposta. Esse vapor avançava no meu quadrante com desempenho espantoso, e, pelo modo como guinava, deduzi que um timoneiro destemperado o pilotava.

Na manhã de 6 de setembro, encontrei três peixes-voadores no convés, e um quarto caíra pela escotilha da proa, pertíssimo da frigideira. Foi a melhor pescaria até então e me ofereceu um desjejum e um jantar suntuosos.

O *Spray* agora seguia na direção dos alísios e na firme determinação de sua viagem. Mais tarde, naquele dia, outro vapor foi avistado, com um desempenho tão espantoso quanto o do anterior. Não hasteei nenhuma bandeira para ele, mas tive dificuldade para passar a sotavento desse vapor. Era, de fato, um barco obsoleto! E o pobre gado, como mugia! Bons tempos em que embarcações que se encontravam no mar desciam suas gáveas e confraternizavam em um "gam" e, na despedida, disparavam canhões; mas esses velhos tempos ficaram para trás. Hoje em dia, as pessoas mal têm tempo de se falar em alto-mar, onde qualquer notícia é notícia, e quanto aos tiros de saudação, ninguém se dá ao luxo de desperdiçar pólvora. Já não há mais aura de poesia nos cargueiros cruzando os mares; esta é uma vida prosaica, em que não temos tempo nem para dizer bom-dia ao outro.

Minha chalupa, agora correndo à máxima velocidade dos alísios, permitiu que eu ganhasse dias de descanso e recuperação. Empreguei esse tempo lendo e escrevendo e em todo tipo de tarefa para manter o aparelho e as velas em ordem. Cozinhava sempre depressa, e nunca tinha muito trabalho, pois o cardápio consistia basicamente em peixe-voador, biscoito quente com manteiga, batata, café e creme — refeições fáceis de preparar.

No dia 10 de setembro, o *Spray* passou pela Ilha de Santo Antão, a ilha mais a noroeste do Arquipélago de Cabo Verde, bem perto. O avistamento de terra foi um acerto maravilhoso, considerando que eu não havia feito nenhuma observação para calcular a longitude. O vento, nordeste, conforme a chalupa foi se aproximando da ilha, estava forte, mas rizei bem as velas e manobrei na direção da tempestuosa Santo Antão. Então, deixando o Arquipélago de Cabo Verde para trás, até perdê-lo de vista, eu me vi mais uma vez velejando um mar solitário e em suprema solidão ao redor. Quando dormi, sonhei que estava sozinho. Essa sensação nunca mais me deixou; mas, dormindo ou acordado, eu sempre parecia saber a posição da chalupa e via meu barco se movendo sobre uma carta náutica, que se tornava uma imagem diante de mim.

Uma noite, sentado na cabine, sob esse transe, a profunda imobilidade ao meu redor foi rompida por vozes humanas! Levantei-me instantaneamente e fui para o convés, mais assustado do que eu poderia descrever. Passando perto, a sotavento, como uma aparição, havia uma barca branca a todo pano. Os marinheiros a bordo estavam puxando cordas para reforçar os cabos, que varreram o mastro da chalupa quando a barca passou. Ninguém na branca barca voadora me saudou, mas ouvi alguém a bordo dizer que tinha visto luz acesa na chalupa e que lhe parecia ser um pescador. Fiquei muito tempo no convés à luz das estrelas nessa noite, pensando em navios e observando as constelações em sua viagem cósmica.

No dia seguinte, 13 de setembro, um grande navio de quatro mastros passou a alguma distância a barlavento, rumo ao norte.

A chalupa agora rumava rapidamente para a zona das calmarias, e a força dos alísios estava diminuindo. Notei pelas marolas que uma contracorrente havia começado. Estimei cerca de dezesseis milhas por dia. No coração da contracorrente, esse número aumentava na direção leste.

No dia 14 de setembro, um imponente navio de três mastros, rumo ao norte, foi avistado do topo do mastro. Nem esse navio nem o navio avistado no dia anterior estavam ao alcance de uma troca de sinais, mas, mesmo assim, foi bom avistá-los. No dia seguinte, surgiram, ao sul, nuvens carregadas de chuva, obscurecendo o sol; isso era um auspício da zona de calmaria. No dia 16, o *Spray* entrou nessa soturna região para enfrentar tempestades e ser importunado por calmarias esporádicas; pois essa é a situação dos elementos entre os alísios de nordeste e de sudeste, em que cada vento, lutando pelo predomínio, dissipa sua força em espirais em todas as direções. Tornando tudo ainda mais extenuante para os nervos e para a paciência de qualquer um, o mar estava agitado, encapelado, confuso, devido às correntezas de maré. Como se ainda faltasse algo para completar o incômodo do marinheiro nessa situação, choveu torrencialmente noite e dia. O *Spray* ficou na labuta, sendo chacoalhado durante dez dias, percorrendo apenas trezentas milhas de sua rota durante todo esse tempo. Eu não falei nada!

Em 23 de setembro, a bela escuna *Nantasket* de Boston, de Bear River, rumo ao Rio da Prata, carregada de madeira e recém-saída da zona de calmaria, aproximou-se do *Spray* e, depois de a tripulação trocar algumas palavras com o capitão, seguiu em frente. Com seu casco bem incrustado de cracas, a escuna passou levando peixes que vinham seguindo o *Spray*, que não dispunha desse tipo de alimento. Um pedaço de madeira coberto de cracas boiando à deriva tem o mesmo atrativo para os peixes de águas profundas. Um dos desertores desse cardume era um golfinho que acompanhara o *Spray* por cerca de mil milhas e estivera contente por comer restos de comida que eu lançava ao mar; como ele estava ferido, não conseguia nadar muito depressa para capturar outros peixes. Eu já estava acostumado a ver esse golfinho, o reconhecia pelas cicatrizes, e sentia sua falta sempre que ele fazia alguma excursão para longe da chalupa. Um dia, depois de se ausentar por algumas horas, ele voltou na companhia de três *yellowtails*, uma espécie de primo do golfinho. Esse pequeno cardume permaneceu unido, exceto quando estava em perigo e quando se alimentava de restos no mar. Suas vidas eram, muitas vezes, ameaçadas por tubarões famintos que rodeavam meu barco, e mais de uma vez eles escaparam por pouco. O modo como fugiam me interessava muito, e passei horas a observá-los. Eles disparavam cada um em uma direção, de modo que o lobo dos mares, o tubarão, ao perseguir apenas um, permitia a fuga dos demais; depois, passado algum tempo, todos eles voltavam e ficavam brincando de um lado e do outro da chalupa. Duas vezes seus perseguidores foram distraídos por uma panela de estanho que amarrei na popa e os confundia, como se fosse um peixe brilhante; quando os tubarões viraram, do modo peculiar que eles têm de devorar suas presas, atirei com o rifle bem na cabeça deles.

Essa vida precária parecia preocupar muito pouco os *yellowtails*, se é que se preocupavam. Todos os seres vivos, sem dúvida, têm medo da morte. Não obstante, vi algumas espécies que se amontoavam como se soubessem que haviam sido criadas para alimentar peixes maiores e desejassem dar o menor trabalho possível a seus caçadores. Vi também, por outro lado, baleias nadando em círculos em torno de um cardume de arenques e, com poderosos esforços, "encurralando" os arenques em um redemoinho causado por suas imensas barbatanas; quando os peixes estavam todos bem unidos na mesma espiral, um dos leviatãs, avançando pelo centro com a bocarra escancarada, engolia um cardume inteiro de uma vez. Na altura do Cabo da Boa Esperança, vi cardumes de sardinhas, ou de outro peixe pequeno, sendo tratados assim por inúmeros xaréus. Não havia a menor possibilidade de fuga para as sardinhas enquanto os xaréus rondavam, cercando-as, alimentando-se com as bordas da massa. Era interessante notar a rapidez com que os peixinhos desapareciam; e, embora esse fenômeno se repetisse diante dos meus olhos diversas vezes, eu não conseguia perceber a captura de nenhuma sardinha individualmente, tamanha a destreza com que isso era feito.

Ao longo do limite equatorial dos alísios de sudeste, o ar ficou pesadamente carregado de eletricidade, e havia muitos trovões e relâmpagos. Eu me lembrei de que foi nessa região, que, alguns anos antes, o navio americano *Alert* havia sido destruído por raios. As pessoas, por uma fantástica sorte, foram resgatadas no mesmo dia e levadas a Pernambuco, onde eu as encontrara na ocasião.

No dia 25 de setembro, na latitude 5°N, longitude 26°30'W, falei com o comandante do navio *North Star* de Londres. A grande embarcação tinha partido havia quarenta e oito dias de Norfolk, na Virgínia, em direção ao Rio, onde nos encontraríamos outra vez dois meses depois. Fazia trinta dias que o *Spray* havia partido de Gibraltar.

Outro companheiro de viagem do *Spray*, depois disso, foi um espadarte, que nos acompanhou exibindo sua nadadeira alta fora da água, até que apanhei meu arpão e o espadarte desceu sua bandeira negra e desapareceu. No dia 30 de setembro, às 11h30, o *Spray* cruzou o equador na longitude 29°30'O. Ao meio-dia, estávamos duas milhas ao sul da linha. Os alísios de sudeste, suavemente soprando, por volta dos 4°N, enfunaram minhas velas e enviaram-me pelo mar, com magnífico desempenho, rumo à costa do Brasil, onde, em 5 de outubro, ao norte de Olinda, sem nenhum incidente, atracamos, lançando âncora no porto em Pernambuco por volta do meio-dia, quarenta dias depois de zarpar de Gibraltar, e estava tudo bem a bordo. Eu fiquei exausto depois de todo esse tempo de viagem? Nem um pouco! Nunca estive em melhor forma em toda a minha vida, e esperava ávido a experiência mais perigosa: contornar o Cabo Horn.

Não era nada estranho em uma vida comum de marinheiro que, tendo atravessado o Atlântico duas vezes e estando agora na metade do caminho entre Boston e o Horn, eu me encontrasse ainda entre amigos. Minha determinação em navegar para oeste de Gibraltar não só me permitiu escapar dos piratas do Mar Vermelho como também, ao me levar a Pernambuco, me fez desembarcar em litorais conhecidos. Eu havia feito muitas viagens até aquele porto e a outros portos do Brasil. Em 1893, fui contratado como capitão do famoso *Destroyer*, um navio Ericsson, para ir de Nova York ao Brasil, a fim de combater o rebelde almirante Custódio de Melo e sua armada. O *Destroyer*, a bem da verdade, portava um enorme canhão submarino.

Na mesma expedição estava o *Nictheroy*, o navio comprado pelo governo dos Estados Unidos durante a guerra da Espanha e rebatizado de *Buffalo*.

O *Destroyer* era, em muitos sentidos, o melhor dos dois, mas os brasileiros, em sua curiosa guerra, afundaram-se a si mesmos na Bahia. Com ele, naufragaram-se minhas esperanças de receber os salários que me deviam; ainda assim, eu poderia ao menos tentar ser recompensado, pois era muito dinheiro para mim. Mas então, no intervalo de dois anos, o catavento do tempo levara o grupo de Custódio de Melo ao poder, e, embora fosse o governo legítimo quem me contratara, os chamados "revoltosos" não se sentiam sob nenhuma obrigação comigo.

Durante essas visitas ao Brasil, eu havia conhecido o doutor Pereira, proprietário e editor do *Jornal do Commercio*, e, pouco depois de atracar seguramente o *Spray* à distância de um mastaréu, o doutor, que era um grande entusiasta do iatismo, veio me visitar e me levou, através da lagoa, até sua casa de campo. A chegada à sua mansão pela água foi escoltada por sua armada, uma frota de barcos que incluía um *sampan* chinês, um *pram* norueguês e um dóri Cape Ann, este último resgatado do *Destroyer*. O doutor me ofereceu muitos jantares de boa comida brasileira, a fim de que eu, como ele disse, "partisse gordo" para a viagem; mas ele acabou percebendo que, na melhor das hipóteses, eu engordava lentamente.

Abastecido de frutas e verduras, e de todas as demais provisões necessárias para a viagem, no dia 23 de outubro, desatraquei e me preparei para zarpar. Então, encontrei um membro da impiedosa facção de Custódio de Melo na pessoa do inspetor da alfândega, que cobrou do *Spray* uma tonelagem indevida, pois eu navegava com licença de iatismo e deveria ser isento de taxas portuárias. Nosso cônsul lembrou o inspetor disso e do fato — não muito diplomático, a meu ver — de que havia sido eu quem trouxera o *Destroyer* para o Brasil. "Oh, de fato", disse lívido o inspetor, "nós nos lembramos disso muito bem" — pois, então, foi sua vez de retribuir minimamente.

O senhor Lungrin, um comerciante, ajudou-me a escapar dessa dificuldade mesquinha propondo que o *Spray* levasse uma carga de pólvora para a Bahia, o que ajudaria a me ressarcir; e, quando as companhias de seguro se recusaram a cobrir o risco de uma carga embarcada em uma chalupa tripulada por um único homem, ele propôs embarcá-la mesmo sem seguro, assumindo sozinho todo o risco. Isso talvez fosse um elogio que eu não merecia. O motivo de eu não ter aceitado essa transação foi que, se eu aceitasse, comprometeria minha licença de iatismo e passaria a gastar mais em despesas portuárias no mundo inteiro do que eu receberia com o valor da carga correspondente. Em vez disso, outro velho amigo comerciante me socorreu, adiantando o dinheiro à vista.

Enquanto estava em Pernambuco, encurtei a retranca, que havia se partido na altura do litoral do Marrocos, removendo a peça quebrada, reduzindo-a em cerca de 4 pés a partir do garlindéu; também reforcei as gafas. Em 24 de outubro de 1895, um belo dia, como costumam ser os dias no Brasil, o *Spray* zarpou depois de receber abundantes e efusivas saudações. Avançando cerca de 100 milhas por dia ao longo da costa, cheguei ao Rio de Janeiro no dia 5 de novembro, sem qualquer acontecimento digno de nota, e, por volta do meio-dia, ancorei perto da Ilha de Villegagnon, para aguardar a visita oficial da autoridade portuária. No dia seguinte, empenhei-me para encontrar o almirante e os ministros com o objetivo de interrogá-los a respeito dos salários que me deviam pelo amado *Destroyer*. O alto oficial que encontrei me disse: "Capitão, de nossa parte, o senhor pode ficar com o navio, e, se o senhor quiser aceitá-lo, enviaremos um oficial para lhe mostrar onde ele está!". Eu sabia muito bem onde estava o navio naquele momento. Apenas o topo de seu mastro ainda aparecia nas águas da Bahia, era mais do que provável que já estivesse inteiramente afundado. Agradeci ao simpático oficial, mas recusei sua oferta.

O *Spray*, com diversos veteranos capitães a bordo, navegou pelo porto do Rio de Janeiro um dia antes de zarpar definitivamente. Como eu havia decidido agregar uma mezena ao *Spray* para enfrentar as tempestuosas águas da Patagônia, instalei na proa uma braça semicircular para sustentar o mastro da mezena. Esses velhos capitães inspecionaram o aparelho do *Spray*, e cada um contribuiu com algo em seu equipamento. O capitão Jones, que havia servido de intérprete para mim no Rio de Janeiro, de um dos vapores, cedeu um cabo condizente. A âncora de Jones nunca falhou em toda a viagem, e o cabo não apenas suportou o esforço em uma costa de sotavento como também, quando rebocado para fora do Cabo Horn, ajudou a romper as ondas pela popa que ameaçavam invadir o convés.

CAPÍTULO VI

No dia 28 de novembro, o *Spray* zarpou do Rio de Janeiro e, antes de qualquer coisa, entrou em um vendaval que destruiu praticamente tudo ao longo da costa, prejudicando consideravelmente os embarques. Talvez tenha sido nossa sorte estarmos longe da terra. Costeando nessa parte da viagem, observei que, embora alguns barcos pequenos que encontrei conseguissem ultrapassar o *Spray* durante o dia, acabavam ficando para trás durante a noite. Para o *Spray*, dia e noite eram iguais; para os outros barcos, claramente havia uma diferença. Em um dos melhores dias passados após a partida do Rio, o vapor *South Wales* falou ao *Spray* e, sem que eu perguntasse, deu a longitude em seu cronômetro de 48°O. "Até onde consigo apurar", disse o capitão. O *Spray*, com seu relógio de lata, marcava exatamente a mesma medida. Eu estava seguro de meu método primitivo de navegação, mas me espantou um bocado ver a mesma posição verificada pelo cronômetro do navio.

No dia 5 de dezembro, avistei um bergantim, e, durante vários dias, os dois barcos navegaram ao longo da costa juntos. Então, uma corrente foi sentida, levando para norte, o que tornou necessário uma aproximação da costa, algo com que o *Spray* se familiarizou. Aqui eu confesso uma fraqueza: aproximei-me demais do litoral. Em suma, ao amanhecer de

11 de dezembro, o *Spray* bateu com força e velocidade na praia. Isso foi enervante, mas logo descobri que a chalupa não corria nenhum perigo grave. A falsa aparência dos bancos de areia sob um luar muito claro havia me enganado, e lamentei então ter confiado nas aparências acima de tudo. O mar, embora estivesse moderadamente liso, ainda assim trazia ondulações que arrebentavam com certa força no litoral. Consegui descer meu pequeno dóri do convés e lancei uma âncora de arrasto; mas era tarde demais para arrastar a chalupa para fora do banco de areia, pois a maré baixava e meu casco já havia penetrado trinta centímetros na areia. Então, comecei a "tirar" a âncora grande, o que não foi fácil, pois meu único bote salva-vidas, meu frágil dóri, que levava a âncora e o cabo a bordo, afundou imediatamente porque a carga era pesada demais. Então, cortei o cabo e fiz duas cargas em vez de apenas uma. Com a âncora a 40 braças, já voltei a flutuar e, então, tentei e consegui atravessar a arrebentação; mas meu dóri estava fazendo água depressa, e, quando remei até uma distância suficiente para lançar a âncora, meu dóri estava cheio até a borda, e afundando. Eu não deveria perder tempo, e vi claramente que, se eu falhasse naquele momento, colocaria tudo a perder. Larguei os remos e me levantei e, erguendo a âncora acima da minha cabeça, lancei-a para longe assim que ela se virou. Agarrei-me à amurada e esperei que o dóri emborcasse, pois me lembrei de repente que eu não sabia nadar. Então, tentei virá-lo para a posição certa, mas, como eu estava muito afobado, o dóri virou totalmente e me deixou como antes, agarrado à amurada, com o corpo ainda dentro da água. Por um instante, refleti friamente e me dei conta de que, embora o vento soprasse moderadamente em direção à costa, a corrente me levava para alto-mar... algo precisava ser feito. Três vezes estive embaixo d'água, tentando endireitar o dóri, e estava prestes a dizer "Com Deus me deito..." quando fui tomado por uma determinação de tentar uma última vez, para que nenhum profeta maldito que deixei para trás pudesse dizer "Eu bem que te disse...". Qualquer que tenha sido o risco envolvido nisso, grande ou pequeno, posso dizer, verdadeiramente, que corrê-lo foi o momento mais sereno da minha vida.

Lembrei-me de repente que eu não sabia nadar.

Depois de endireitar o dóri pela quarta vez, finalmente consegui, com o máximo cuidado, mantê-lo naquela posição, e me ergui até entrar nele; com um dos remos, que consegui recuperar, remei até a praia extremamente fatigado e com a barriga cheia de água salgada. A posição da minha chalupa, agora alta e seca, deixou-me angustiado. A única coisa que me importava então era fazê-la flutuar outra vez. Tive certa dificuldade para levar a segunda parte do meu cabo e amarrá-la à primeira, que eu tomara a precaução de deixar flutuando antes de entrar no barco. Trazer a extremidade do cabo de volta à chalupa foi um tanto mais fácil. Depois, ri da minha própria tristeza ao me dar conta de que, mesmo em meio àquele alvoroço, meu raciocínio e meu bom gênio fielmente me valeram. O cabo arrastado da âncora em águas profundas, até o molinete da chalupa, deu apenas uma volta e nada mais. A âncora havia sido lançada à distância certa do barco. Agora, só me restava puxá-la com firmeza e esperar a próxima maré.

Eu já havia feito esforço suficiente para exaurir um homem mais forte, e me dei por contente ao me atirar na areia seca e descansar; pois o sol já estava forte e despejava um calor generoso sobre a costa. Embora minha condição pudesse ser pior, eu me encontrava no litoral de um país estrangeiro, e minha propriedade não estava inteiramente assegurada, como logo descobri. Não fazia muito tempo que eu estava na praia quando ouvi um galope de cavalo se aproximando pela praia dura, que cessou ao se aproximar da língua de areia onde eu me abrigara do vento. Erguendo os olhos com cuidado, avistei, montado num cavalo, provavelmente o menino mais desesperado de todo aquele litoral. Ele havia encontrado uma chalupa! "Essa chalupa vai ser minha", ele deve ter pensado. "Pois, afinal, não fui eu o primeiro a encontrá-la na praia?" Sem dúvida, lá estava ela, alta e seca, pintada de branco. Ele trotou em volta da chalupa com seu cavalo e, como não encontrou o dono, amarrou o cavalo ao estai da proa e começou a puxá-la, como se quisesse levar a chalupa para casa; mas, evidentemente, a chalupa era pesada demais para ser arrastada por um cavalo. Quanto ao meu esquife, contudo, a coisa foi diferente; ele conseguiu arrastá-lo por uma certa distância e o escondeu atrás de uma duna em uma touceira de mato alto. Arrisco-me a dizer que ele já havia decidido trazer mais cavalos e levar embora o prêmio principal; de todo modo, quando estava partindo para a aldeia, a cerca de uma milha dali, em busca de reforços, eu me revelei, o que o deixou desgostoso e decepcionado. "*Buenos días, muchacho*", eu disse. Ele grunhiu em resposta e me olhou de cima a baixo com atenção. Então, explodindo em uma saraivada de perguntas — mais do que seis ianques conseguiriam responder —, ele quis saber, primeiro, de onde vinha o meu barco e quantos dias fazia que estava ali. Então lhe contei o que estava fazendo ali encalhado tão cedo naquela manhã. "As suas perguntas são fáceis de responder", eu disse. "Meu navio veio da Lua e levou um mês para chegar aqui; vim para levar um carregamento de meninos." Mas a mera sugestão dessa empreitada, se eu não estivesse atento, poderia ter me custado caro; pois, enquanto eu falava, esse menino do campo preparou-se para me laçar, e, em vez de me enviar para a Lua, ele estava aparentemente pensando em me arrastar pelo pescoço, através dos campos do Uruguai, até sua casa, atrás de seu cavalo selvagem.

O local exato onde encalhei era Castillo Chicos, cerca de sete milhas ao sul da fronteira entre Uruguai e Brasil, e, é claro, os nativos falavam espanhol. Para me reconciliar com meu visitante, eu lhe disse que tinha biscoitos no barco e que gostaria de trocá-los com ele por manteiga e leite. Ao ouvir isso, um sorriso largo iluminou seu rosto, demonstrando grande interesse e provando que até no Uruguai biscoitos de marinheiro são capazes de entusiasmar o coração de um menino e fazer dele seu amigo do peito. O menino foi quase voando para casa e rapidamente voltou com manteiga, leite e ovos. Eu estava, afinal, em uma terra de fartura. Com esse menino, vieram outros, mais velhos e mais novos, dos ranchos da vizinhança, entre os quais um colono alemão, que foi de grande ajuda para mim em muitos aspectos.

Uma surpresa em dose dupla.

Um guarda costeiro da Fortaleza de Santa Teresa, a algumas milhas dali, também veio, "para proteger sua propriedade dos nativos da planície", ele disse. Aproveitei a ocasião para lhe informar, todavia, que, se ele cuidasse das pessoas de sua aldeia, eu me encarregaria dos nativos da planície, apontando, enquanto falava, para o indescritível "comerciante" que já havia roubado meu revólver e diversos pequenos artigos da minha cabine, os quais, com uma ousada atitude, consegui recuperar. Esse sujeito não era um uruguaio. Ali, e em muitos outros lugares que visitei, os nativos não eram os homens que desonravam a pátria.

No início do dia, chegou uma ordem do capitão do porto de Montevidéu mandando a guarda costeira fornecer ao *Spray* toda assistência necessária. No entanto, não foi preciso nada disso, pois já havia um guarda alerta, e o estardalhaço foi tanto que mais parecia ter naufragado um vapor transatlântico com mil imigrantes a bordo. O mesmo mensageiro trouxe a notícia da capitania do porto de que enviariam um vapor rebocador para levar o *Spray* até Montevidéu. O oficial cumpriu sua palavra; um poderoso rebocador chegou no dia seguinte; mas, resumindo, com a ajuda do alemão, de um soldado e de um italiano chamado Ángel de Milan, eu já havia conseguido fazer a chalupa flutuar e estava navegando para o porto com a retranca removida frente a um bom vento. A aventura estragou bastante o *Spray* por causa dos impactos na areia dura; perdemos a sapata e parte da falsa quilha, e havia outras avarias que logo depois seriam consertadas na doca seca.

No dia seguinte, ancorei em Maldonado. O cônsul britânico, sua filha e outra jovem senhorita vieram a bordo, trazendo consigo uma cesta de ovos, morangos, leite fresco e um grande filão de pão doce. Foi uma boa recepção, e mais animada do que a que tive no mesmo lugar quando, um dia, entrei no porto com uma tripulação doente em meu navio, o *Aquidneck*.

Nas águas da Baía de Maldonado, há uma variedade abundante de peixes, e, na estação propícia, focas vêm à ilha diante da baía para se reproduzir. As correntes nesse litoral são muito afetadas pelos ventos, e uma maré mais alta do que a normalmente produzida pela Lua avança contra a costa uruguaia em meio a uma ventania de sudoeste; ou uma maré mais baixa do que o normal, em meio a uma ventania de nordeste, conforme o caso. Uma dessas marés, que havia acabado de recuar diante do vento nordeste que trouxera o *Spray*, deixara as pedras cobertas de ostras à mostra por um bom trecho do litoral. Outros mariscos saborosos também eram abundantes, embora fossem menores. Recolhi diversos tipos de ostras e mariscos ali, enquanto um nativo, com linha e anzol, usando os mariscos como isca, pescava sargos, vários deles de bom tamanho, na ponta de um aglomerado de pedras que se destacavam.

O sobrinho desse pescador, um menino de uns sete anos de idade, merece menção por ser o maior blasfemador, entre os meninos pequenos, que encontrei nessa viagem. Ele chamava o tio dos piores nomes que existem abaixo do Sol, por não o ajudar a atravessar o canal. Enquanto o pequeno praguejava em todas as flexões e casos da língua espanhola, o tio continuava pescando, de quando em quando, parabenizando o promissor sobrinho por suas proezas. Quando se esgotou seu rico vocabulário, o pequeno maltrapilho sumiu no meio dos campos, mas logo voltou com um buquê de flores, o qual ele me ofereceu todo sorridente, com a inocência de um anjo. Lembro-me de ter visto o mesmo tipo de flor mais adiante, na margem do rio, alguns anos antes. Perguntei ao jovem pirata por que ele estava me dando aquelas flores. Ele respondeu "Eu não sei; eu só quis lhe dar essas flores!". Qualquer que fosse a influência capaz de insinuar um desejo tão amável no coração daquele menino selvagem do pampa, haveria de ser, imaginei, forte e poderosa, inebriante.

Pouco depois, o *Spray* zarpou para Montevidéu, onde cheguei no dia seguinte e fui saudado por apitos de vapores até ficar constrangido e lamentar não ter conseguido aportar discretamente. Uma viagem solitária tão longa deve ter parecido aos uruguaios um feito digno de reconhecimento; mas eu ainda tinha muitas milhas pela frente, e de natureza tão árdua que qualquer demonstração de satisfação, àquela altura e de alguma forma, me parecia uma bravata prematura.

O *Spray* mal havia ancorado em Montevidéu quando os agentes da Royal Mail Steamship Company, senhores Humphreys & Co., mandaram avisar que o levariam para a doca, o consertariam de graça e ainda me dariam 20 libras esterlinas, o que cumpriram além da risca. Os calafates de Montevidéu prestaram cuidadosa atenção ao trabalho de reforçar a chalupa. Os carpinteiros consertaram a quilha e também o salva-vidas (meu dóri), pintando-o com capricho até que ficasse bonito como uma borboleta.

O Natal de 1895 encontrou o *Spray* equipado até mesmo com um magnífico fogão improvisado, feito de um grande tonel de ferro com buracos para ventilação; o duto subia através do castelo da proa. Ora, fogão não era apenas força de expressão. Ele estava sempre faminto, aceitando até madeira verde; e, no frio, nos dias úmidos ao largo da costa da Terra do Fogo, ele me manteve aquecido. Sua portinhola tinha umas dobradiças de cobre que os aprendizes da doca, com merecido orgulho, poliram até que tudo brilhasse como a bitácula de um vapor da P. & O.

O *Spray* agora estava pronto para zarpar. Em vez de prosseguir imediatamente em meu curso, contudo, fiz uma excursão rio acima, zarpando em 29 de dezembro. Um velho amigo meu, o capitão Howard, de Cape Cod, famoso no Rio da Prata, veio comigo a bordo até Buenos Aires, aonde chegamos bem cedo no dia seguinte, com um vento forte e uma corrente tão favoráveis que a chalupa superou sua velocidade máxima. Fiquei contente por ter um marinheiro com a experiência de Howard para testemunhar o desempenho da chalupa sem ninguém conduzindo o leme. Howard sentou-se perto da bitácula e ficou observando a bússola enquanto a chalupa seguia firme em seu curso, tão estável e de modo tão constante que se diria que a agulha estava presa. Não nos desviamos um quarto de ponto de nosso curso. Meu velho amigo tivera uma chalupa a qual ele pilotara no rio durante muitos anos, mas aquela proeza por fim o exasperou, e ele exclamou "Quero encalhar em Chico Bank se algum dia vi coisa semelhante!". Talvez ele nunca tenha dado à sua chalupa uma oportunidade de mostrar do que ela era capaz. O que desejo destacar quanto ao *Spray* aqui, sobretudo, é que ele navegava em águas de banco de areia e com forte correnteza, e também em outras condições difíceis e incomuns. O capitão Howard levou tudo isso em conta.

Em todos esses anos longe de sua terra natal, Howard não se esquecera da arte de preparar caldeiradas de peixe; e, para provar isso, ele trouxe consigo belos cantarilhos e preparou uma refeição digna de reis. Quando a saborosa caldeirada estava pronta, prendendo a panela entre duas caixas no chão da cabine, para que não derramasse, servimo-nos e ficamos jogando conversa fora enquanto comíamos e o *Spray* seguia seu curso através da escuridão do rio. Howard contou histórias sobre canibais da Terra do Fogo, e eu contei do piloto da caravela *Pinta* conduzindo meu barco através da tempestade na costa dos Açores, e que eu ainda o procurava junto ao leme em meio a tempestades semelhantes. Não posso dizer que Howard seja supersticioso — nenhum de nós é supersticioso —, mas, quando lhe perguntei se ele voltaria a Montevidéu comigo a bordo do *Spray*, ele balançou a cabeça e resolveu tomar um paquete.

Fazia muitos anos que eu não voltava a Buenos Aires. No local onde antes desembarcavam paquetes, em carroças, haviam construído docas magníficas. Imensas fortunas haviam sido gastas na remodelação do porto; os banqueiros de Londres sabem muito bem disso. O capitão do porto, depois de conceder acostagem ao *Spray*, com seus cumprimentos, pediu que eu o procurasse caso precisasse de qualquer coisa enquanto estivesse no porto, e eu tive certeza de que sua amizade era sincera. A chalupa foi bem tratada em Buenos Aires; a acostagem e a tonelagem foram de graça, e a fraternidade iatista da cidade a recebeu bem e de bom grado. Na cidade, descobri que as coisas não haviam mudado tanto quanto nas docas, e logo me senti mais à vontade.

Ainda em Montevidéu, eu havia encaminhado uma carta do senhor Edward Hairby ao proprietário do jornal *Standard*, o senhor Mulhall, e em resposta a isso me foi garantida uma calorosa recepção por parte do coração mais caloroso, creio, fora da Irlanda. O senhor Mulhall veio às docas, com uma carruagem, assim que o *Spray* acostou, e me convidou para ir imediatamente à sua casa, onde havia um quarto esperando por mim. E isso foi na véspera do ano-novo de 1896. A rota do *Spray* vinha sendo acompanhada pelas colunas do *Standard*.

O senhor Mulhall generosamente me levou de carruagem para visitar a cidade e observar as melhorias que tinham sido feitas, e fomos visitar também alguns dos antigos marcos históricos. Encontrei o homem que vendia "limonada" na praça, quando visitei pela primeira vez essa maravilhosa cidade, ainda vendendo limonada a dois centavos o copo, mas agora ele havia feito uma fortuna com isso. Sua matéria-prima era uma banheira e um hidrante ao lado, um estoque razoável de açúcar mascavo e cerca de seis limões flutuando na água adoçada. De quando em quando, a água era trocada, bombeada do hidrante, mas o limão "continuava ali para sempre", e tudo isso por dois centavos o copo.

No entanto, procuramos em vão o sujeito que antes vendia uísque e caixões em Buenos Aires; a marcha da civilização o havia esmagado — apenas a memória conservava o seu nome. Empreendedor como ele era, de bom grado eu o teria procurado. Lembro-me das prateleiras de barris de uísque enfileirados de um dos lados da loja, enquanto do outro lado, separados por uma fina divisória, ficavam os caixões igualmente ordenados, de todos os tamanhos e em grande quantidade. A peculiar combinação parecia fazer sentido, pois, quando se esvaziava um barril, podia-se encher um caixão. Além de uísque barato e muitas outras aguardentes, ele vendia uma "cidra", a qual produzia com uvas Málaga deterioradas. Dentro do escopo de seus negócios, também se incluía a venda de águas minerais, não totalmente isentas de germes insalubres. Esse sujeito seguramente se prestava a todos os gostos, desejos e condições de seus fregueses.

No rastro do cometa.

Seguindo mais adiante na cidade, contudo, soube que continuava vivo o bom homem que escrevera na lateral de sua loja, onde homens pensativos podiam ler e aprender, "Este mundo cruel será destruído por um cometa! O dono desta loja, portanto, precisa vender tudo a qualquer preço para evitar uma catástrofe!". Meu amigo, o senhor Mulhall, me levou até o outro lado da loja para ver o temível cometa, com sua cauda faiscante, retratado nas paredes deterioradas do estabelecimento daquele comerciante.

Descarreguei o mastro da chalupa em Buenos Aires e o encurtei em sete pés. Reduzi a extensão do gurupés em cerca de cinco pés, e, mesmo assim, navegamos à bolina demais; e, mais de uma vez, quando por fim rizei a bujarrona, lamentei não tê-la encurtado mais um pé.

CAPÍTULO VII

No dia 26 de janeiro de 1896, o *Spray*, reformado e reabastecido em todos os aspectos, zarpou de Buenos Aires. A princípio, houve pouco vento; a superfície do grande rio parecia um disco prateado, e agradeci a um rebocador por me levar até a entrada do porto. Mas logo começou a ventar forte, e o mar ficou feio; em vez de todo prateado, como antes, o rio ficou todo barrento. O Prata é um lugar de tempestades traiçoeiras. Quem navega por ali deve sempre estar alerta para sinais de tempestades. Lancei âncora antes de escurecer no melhor sotavento que pude encontrar perto da costa, mas fui sacudido miseravelmente a noite inteira, exausto das águas agitadas. Na manhã seguinte, pus a chalupa em seu curso e, com velas rizadas, levei-a rio abaixo contra o vento. Naquela noite, passando por onde o piloto Howard estivera comigo na subida do rio, desviei-me, alterando o curso para ultrapassar Punta Indio de um lado e English Bank do outro.

Fazia muitos anos que eu não passava ao sul dessas regiões. Não posso dizer que eu esperava boas condições de navegação até o Cabo Horn, mas, enquanto rizava as velas, só pensei em seguir em frente. Foi quando ancorei naqueles lugares ermos que uma sensação de temor reverente me invadiu. Na última ancoragem no rio monótono e barrento, dei vazão, ainda que por fraqueza, a meus sentimentos. Decidi, naquele momento, que não ancoraria novamente ao norte do Estreito de Magalhães.

No dia 28 de janeiro, o *Spray* ultrapassou Punta Indio, English Bank e todos os outros riscos do Rio da Prata. Com bom vento, rumei para o Estreito de Magalhães a todo pano, avançando cada vez mais na direção do maravilhoso sul, até esquecer as dádivas do nosso norte mais ameno.

UMA GRANDE ONDA LONGE DA COSTA DA PATAGÔNIA.

Meu barco passou em segurança por Bahía Blanca, também pelo Golfo de San Matías e pelo portentoso Golfo de San Jorge. Como eu esperava conseguir passar das marés destruidoras — o terror das embarcações —, grandes ou pequenas, ao longo dessa costa, dei a todos os cabos cerca de cinquenta milhas, pois os perigos se estendem muitas milhas além da costa. Mas, onde a chalupa evitava um perigo, encontrava outro. Pois um dia, bem longe da costa da Patagônia, quando a chalupa seguiu à bolina com velas rizadas, uma tremenda onda, aparentemente um acúmulo de diversas ondas, quebrou-se contra o costado em uma tempestade, rugindo no caminho. Só tive um minuto para recolher todas as velas e subir por todas as adriças, a salvo, quando vi a poderosa crista passar por cima do mastro sobre a minha cabeça. A montanha de água submergiu minha chalupa. O barco foi abalado em toda a sua estrutura e cedeu sob o peso do mar, mas rapidamente voltou a subir e avançou grandiosamente sobre os vagalhões que se seguiram. Tudo pode ter durado talvez um minuto, mas, do ponto onde eu estava no mastro, não pude ver nada do casco do *Spray*. Talvez tenha durado menos, mas, de qualquer forma, me pareceu uma eternidade, pois sob grande excitação se vive depressa, e em poucos segundos se pode pensar um bocado sobre a vida pretérita. Não apenas o passado lampejou, com elétrica velocidade, diante de mim, mas também tive tempo, em minha arriscada posição, de criar resoluções sobre o futuro que levariam muito tempo para se cumprir. A primeira, eu me lembro bem, foi que, se o *Spray* escapasse daquele perigo, eu dedicaria minhas melhores energias para construir um barco maior com o mesmo desenho, o que ainda espero conseguir fazer algum dia. Outras promessas, menos simples, eu deveria cumprir sob protesto. No entanto, o incidente, que me encheu de medo, foi apenas mais uma prova do mérito naval do *Spray*. Foi o que me deu segurança para enfrentar o rude Cabo Horn.

Do momento em que essa grande onda varreu o *Spray* até chegar ao Cabo Virgens, nada ocorreu para alterar meu ritmo ou acelerar meu sangue. Pelo contrário, o tempo ficou bom, o mar ficou liso, e a vida, tranquila. O fenômeno da miragem frequentemente ocorria. Um albatroz estava boiando nas águas um dia e me pareceu pairar como um grande navio; duas focas dormindo na superfície do mar pareceram grande baleias, e fui capaz de jurar que um banco de nevoeiro eram terras altas. O caleidoscópio então se alterou, e, no dia seguinte, passei por um mundo povoado por anões.

No dia 11 de fevereiro, o *Spray* contornou o Cabo Virgens e entrou no Estreito de Magalhães. O cenário novamente se tornou real e soturno; o vento, nordeste, soprando em rajadas, lançava espuma branca em toda a costa; com aquelas condições de mar, naveguei da forma como um barco malfeito atravessaria um pântano. Quando a chalupa se aproximou da entrada do Estreito, observei que passavam adiante duas correntes de maré, uma muito perto da ponta da costa e outra mais no alto-mar. Entre as duas, em uma espécie de canal, atravessando ondas, seguiu o *Spray* com velas bem rizadas. Contudo, um mar agitado nos acompanhou por um longo trecho e, numa feroz correnteza contrária, varreu todo o cabo; mas enfrentamos tudo isso e logo estávamos assobiando a sotavento do Cabo Virgens; a cada minuto, alcançando águas mais amenas. No entanto, algas muito compridas, nascidas entre pedras muito profundas, acenavam de modo agourento por baixo da quilha, e o naufrágio de um grande vapor apareceu na praia a bombordo, conferindo um aspecto lúgubre ao cenário.

Entrada para o Estreito de Magalhães.

Não seria fácil sair dali. As Virgens cobraram seu tributo ao *Spray* só de passar por seu promontório. Tempestades espasmódicas de noroeste seguiram o vendaval de nordeste. Rizei as velas da chalupa e, sentado na cabine, descansando a vista, fiquei muito impressionado com tudo o que podia esperar da natureza. O próprio ar que eu respirava naquele breve repouso parecia me alertar para o perigo. Meus próprios sentidos ouviram gritos de alerta: "*Spray ahoy!*". Subi correndo para o convés, imaginando quem poderia ser, quem conheceria tão bem o *Spray* passando no escuro; pois era a mais negra noite à nossa volta, exceto mais a sudoeste, de onde o velho conhecido arco branco, o terror do Cabo Horn, rapidamente se aproximava, impulsionado por um vendaval de sudoeste. Tive só um segundo para recolher velas e amarrar tudo, e o vendaval nos atingiu como um tiro de canhão; na primeira meia hora, caiu uma tempestade memorável. Durante trinta horas, ventou muito forte. A chalupa só pôde usar a vela principal com três rizaduras e estai de proa; com isso, conseguimos resistir e não fomos expulsos à deriva do Estreito. No auge do temporal, naquele vento, precisei recolher todas as velas, e isso ocorreria ainda diversas vezes.

Depois do vendaval, seguiu-se apenas uma brisa leve, e o *Spray*, passando pelo Estreito sem incidentes, ancorou em Sandy Point no dia 14 de fevereiro de 1896.

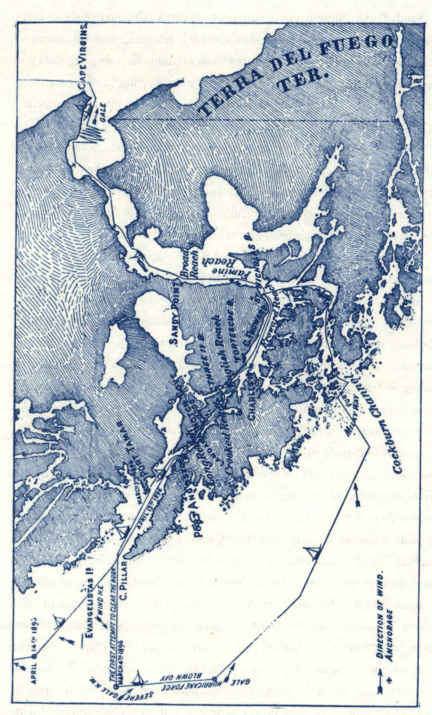

O PERCURSO DO *Spray* ATRAVÉS DO ESTREITO DE MAGALHÃES.

Sandy Point (Punta Arenas) é um porto de carvão chileno que abriga cerca de dois mil habitantes — de diversas nacionalidades, mas a maioria chilena. À base de ovelhas, minas de ouro e caça, os colonos daquela região desolada não pareciam estar se saindo muito mal. Mas os nativos, patagônios e fueguinos, por outro lado, viviam tão esquálidos quanto os inescrupulosos comerciantes conseguiam torná-los. Uma grande porcentagem do negócio era tráfico de "aguardente". Se havia uma lei contra a venda daquela bebida venenosa aos nativos, essa lei não era aplicada. Belos espécimes do povo patagônio, que pareciam bem pela manhã quando chegavam à cidade, arrependiam-se antes do anoitecer de algum dia terem conhecido o homem branco, de tão embriagados que estavam, sem falar nas peles que os brancos lhes roubavam.

O porto nessa época era livre, mas a sede da alfândega estava sendo construída e, quando ficou pronta, porto e tarifas passaram a ser cobrados. Policiais armados protegiam o lugar, e uma espécie de força de vigilância também recorria às armas, às vezes; mas, de modo geral, a meu ver, sempre que havia uma execução, matavam o homem errado. Pouco antes da minha chegada, o governador, de espírito jovial, havia mandado um grupo de rapazes saquear uma aldeia de fueguinos e aniquilar tudo o que houvesse em represália a um recente massacre da tripulação de uma escuna em outra região. De modo geral, a cidade era ávida por novidades e tinha dois jornais — diários, creio. O capitão do porto, um oficial da marinha chilena, aconselhou-me a levar homens para combater índios no Estreito mais a oeste, e sugeriu que eu esperasse até a passagem de uma canhoneira que poderia me rebocar. Depois de tentar recrutar no local, contudo, encontrei apenas um homem disposto a embarcar, e, mesmo assim, com a condição de que eu levasse também "outro homem e um cachorro". Mas como não havia mais ninguém disposto a vir junto, e como nunca permiti cães a bordo, não toquei mais no assunto, mas simplesmente carreguei minhas armas. Nesse ponto, no meu dilema, o capitão Pedro Samblich, um austríaco generoso de vasta experiência, veio até mim e me deu um pacote cheio de tachas de carpete que valia mais do que todos os combatentes e cães da Tierra del Fuego. Contestei-o afirmando que não tinha utilidade para aquilo a bordo. Samblich sorriu da minha inexperiência e sustentou com firmeza que eu encontraria a utilidade para aquilo. "Você precisa usar com moderação", ele disse, "isto é, não pise nelas você mesmo". Com essa vaga sugestão de utilidade, aceitei o presente e descobri um modo de manter o convés seguro à noite sem precisar vigiá-lo.

O HOMEM QUE NÃO EMBARCAVA SEM "OUTRO HOMEM E UM CACHORRO".

Samblich estava muito interessado na minha viagem e, depois de me dar as tachas, ele levou a bordo pacotes de biscoito e uma grande quantidade de carne de caça defumada. Ele afirmou que meu pão, que eram biscoitos de mar, facilmente quebráveis, não era tão nutritivo quanto o seu, que era tão duro que eu só conseguia partir com um golpe firme de malho. Então ele me deu, de sua própria chalupa, uma bússola certamente melhor do que a minha e se ofereceu para amarrar a vela grande, com a minha permissão. Ao final de tudo, esse homem de coração grande tirou uma garrafa cheia de pó de ouro fueguino de um esconderijo e insistiu para que eu guardasse algum para usar ao longo da viagem. Mas eu tinha certeza de que alcançaria o sucesso sem o empréstimo desse amigo, e fiz bem em recusá-lo. As tachas de Samblich, a bem da verdade, foram mais valiosas do que ouro.

O capitão do porto, percebendo que eu estava decidido a ir embora, mesmo sozinho, já que não havia outra opção, não fez mais objeções, mas me aconselhou, caso selvagens tentassem me cercar com suas canoas, a atirar neles e não perder tempo para dar o primeiro tiro; porém, recomendou que, se possível, eu não os matasse, com o que concordei de bom grado. Estando eu assim orientado, o oficial me isentou de taxas portuárias, então zarpei no mesmo dia, 19 de fevereiro de 1896. Imaginando aventuras estranhas e agitadas além de tudo o que eu já enfrentara antes, naveguei em direção à terra e ao coração dos selvagens fueguinos.

UMA GAROTA FUEGUINA.

Um bom vento de Punta Arenas me levou no mesmo dia à Baía de San Nicolás, onde, segundo me disseram, talvez eu encontrasse selvagens; mas, não vendo sinal de vida, ancorei em 8 braças, onde passei a noite embaixo de uma alta montanha. Ali tive minha primeira experiência de um tipo de tempestade terrível chamado *williwaw*, que se estenderia desse ponto em diante, através do Estreito até o Pacífico. Eram rajadas de vento comprimidas que

Bóreas lançava, em blocos, das vertentes das montanhas. O impacto total de um *williwaw* naufragaria um navio, mesmo sem velas içadas, adernando-o a ponto de afundá-lo; mas, como outras tempestades, também cessava de tempos em tempos, ainda que apenas por um breve intervalo.

No dia 20 de fevereiro foi meu aniversário, e eu me vi totalmente sozinho, no máximo com uma ave marinha no céu, ao largo de Cape Froward, o extremo meridional do continente americano. À luz da manhã, eu já estava com meu barco pronto para o trabalho árduo que tinha pela frente.

A chalupa aproveitou bem o vento para avançar trinta milhas de seu curso, o que me levou a Fortescue Bay, e imediatamente avistei as fogueiras de sinalização dos nativos acesas por todos os lados. Vindas do oeste, nuvens passaram pela montanha o dia inteiro; à noite, meu bom vento leste parou, e, em seu lugar, uma rajada de vento oeste começou. Ancorei à meia-noite, a sotavento de uma ilhota, e então, preparei uma xícara de café, de que precisava muito; pois, verdade seja dita, tantos solavancos durante aquelas tempestades, e contra a correnteza, haviam esgotado minhas forças. Concluindo que a âncora estava firme, bebi meu café; chamei o local de Coffee Island. Fica ao sul de Charles Island, apenas com um estreito canal entre elas.

VISTA A OESTE DE FORTESCUE BAY, ONDE O *SPRAY*
FOI PERSEGUIDO POR INDÍGENAS
(ILUSTRAÇÃO BASEADA EM UMA FOTOGRAFIA).

Ao raiar o dia, na manhã seguinte, o *Spray* estava de novo avançando intensamente; até chegarmos a uma enseada em Charles Island, duas milhas e meia adiante em meu curso. Ali ficamos sem perturbações durante dois dias, com as duas âncoras no fundo de um leito de algas. Na verdade, poderíamos continuar assim destemidos para sempre, se o vento não moderasse; pois, durante esses dois dias, ventou tanto que nenhum barco se arriscou pelo Estreito, e os nativos haviam ido caçar em outra região, de modo que a ancoragem foi segura; então, recolhi as âncoras e novamente naveguei Estreito adentro.

Canoas feitas por selvagens de Fortescue começaram a me perseguir. Quando o vento se abrandou, eles rapidamente se aproximaram até a distância de uma saudação; então, pararam de remar, e um selvagem de pernas tortas se levantou e disse para mim "*Yammerschooner! Yammerschooner!*", que é o termo que usam para pedir esmolas. Eu disse "Não!". Ora, não deixei que soubessem que eu estava sozinho; entrei na cabine e, passando pelo cavername, saí na escotilha da proa, trocando de roupas no caminho. Um total de dois homens. Então, peguei o pedaço de gurupés que eu havia serrado em Buenos Aires, que conservara a bordo, e o vesti de marinheiro, posicionando-o de forma a poder movimentá-lo com uma linha que amarrei nele. Com isso, éramos três, e não queríamos saber de "*yammerschooner*"; mas, mesmo assim, os selvagens se aproximaram, mais velozes do que antes. Vi que, além dos remadores na canoa mais próxima, havia outros deitados no fundo, e que eles se revezavam o tempo todo. A uma distância de 8 jardas, disparei um tiro na proa da canoa mais próxima, e todos pararam, mas apenas por um instante. Vendo que insistiam em se aproximar, disparei o segundo tiro, e tão perto do sujeito que dizia "*yammerschooner*" que ele mudou de ideia bem depressa e gritou, com medo, "*Bueno jo via Isla!*", e, sentando-se em sua canoa, ficou esfregando o molinete de estibordo por algum tempo. Pensei no conselho do bom capitão do porto quando puxei o gatilho e mirei bem; no entanto, para o senhor "Pedro Preto", era um tiro perdido, não importava a distância, pois era ele, e nenhum outro, o líder de diversos massacres sangrentos. Ele rumou então para a ilha, e os outros foram atrás. Eu notei pelo espanhol truncado e pela barba comprida que ele era o vilão que mencionei, um mestiço renegado, o pior assassino da Tierra del Fuego. As autoridades procuravam Pedro Preto havia dois anos. Os fueguinos não tinham barba.

Um embate com os fueguinos.

Foi o suficiente para o meu primeiro dia entre os selvagens. Fui ancorar à meia-noite em Three Island Cove, a cerca de vinte milhas de Fortescue Bay. Eu via do outro lado do Estreito as fogueiras de sinalização e escutava os cães latindo, mas aquele ponto estava praticamente deserto de nativos. Sempre considerei um sinal da ausência de selvagens quando não há aves por perto ou focas deitadas nas pedras. Nunca há muitas focas nessas águas, mas, em Three Island Cove, vi uma deitada nas pedras e outros sinais da ausência de selvagens.

No dia seguinte, o vento estava outra vez furioso e, embora a chalupa estivesse a sotavento da costa, arrastou as âncoras, de modo que precisei me pôr a caminho e avançar mais para dentro da enseada, onde encontrei uma piscina protegida pela costa. Em qualquer outro momento ou lugar, isso teria sido algo arriscado, e só foi seguro pelo fato de que o vendaval que me levou a buscar abrigo impediria os índios de atravessar o Estreito. Vendo que era esse o caso, desembarquei com rifle e machado em uma ilha, onde nada me pegaria de surpresa, e ali derrubei árvores e rachei cerca de uma corda de lenha, que carreguei em meu bote em diversas viagens.

Enquanto carregava a madeira, embora estivesse praticamente seguro de não haver selvagens ali, em nenhum momento fui ou voltei do esquife sem meu rifle. Enquanto houvesse o rifle e 80 jardas de descampado à minha volta, eu me sentiria seguro.

As árvores na ilha, muito dispersas, eram uma espécie de faia e um cedro baixo, ambos bons combustíveis. Mesmo os galhos verdes das faias, que pareciam ter uma qualidade resinosa, queimaram fácil no meu grande fogão de tonel. Descrevi meu método de abastecimento de lenha em detalhes para que o leitor, que gentilmente me acompanhou até aqui, veja que, nesse aspecto, e em todos os outros aspectos peculiares da minha viagem, eu tomei todo tipo de precaução para evitar surpresas, tanto dos animais quanto dos elementos. No Estreito de Magalhães, foi necessário manter a máxima vigilância. Nesse caso, concluí que passei pelo maior perigo de toda a viagem — os ardis de astutos selvagens, para os quais eu devia estar particularmente alerta.

O *Spray* zarpou de Three Island Cove na manhã em que a tempestade amainou, mas logo voltou feliz a um abrigo diante de outro súbito temporal. Zarpando novamente no dia seguinte e avançando algumas milhas em meu curso, alcançamos Borgia Bay, lugar onde, através dos tempos, ancoraram-se barcos que foram pregados nas árvores do litoral, esculpidos e pintados, com seus nomes e as datas em que estiveram ali. Nada mais vi que indicasse a presença do homem civilizado em outra ocasião. Esquadrinhei com minha luneta aquele lúgubre lugar e estava prestes a descer meu bote para desembarcar e fazer anotações quando a canhoneira chilena *Huemel* apareceu e os oficiais, subindo a bordo, aconselharam-me a sair imediatamente dali, e nem precisaram de muita eloquência para me persuadir. Aceitei a generosa oferta do capitão de me rebocarem até a próxima ancoragem, em um lugar chamado Notch Cove, oito milhas adiante, onde eu estaria livre do pior da parte do fueguinos.

UMA ABORDAGEM AMIGÁVEL
(ILUSTRAÇÃO BASEADA NA DESCRIÇÃO DO ASPIRANTE MIGUEL ARENAS).

Ancoramos na enseada quando escureceu naquela noite, enquanto o vento soprava em ferozes *williwaws* vindos das montanhas. Um exemplo do clima do Estreito de Magalhães acometeu o *Huemel*, uma canhoneira bem-construída e de grande potência, que tentou, no dia seguinte, prosseguir viagem; a embarcação foi obrigada, pela pura força do vento, a voltar, lançar âncora e esperar até a tempestade diminuir — e teve sorte de conseguir voltar!

O encontro com esse barco foi uma dádiva divina. Seu comandante e seus oficiais eram todos marinheiros de primeira classe, e todos eram cavalheiros bem-educados. O entretenimento a bordo do *Huemel*, que estava ancorado em Notch, de improviso, seria difícil ser superado em qualquer outro barco. Um membro da tripulação cantava canções populares em francês, alemão e espanhol, e outro (segundo ele mesmo), em russo. Embora o público não diferenciasse as letras de uma canção para outra, isso não impedia a diversão.

Fiquei sozinho no dia seguinte, pois o *Huemel* retomou sua viagem depois que o vendaval diminuiu. Passei o dia inteiro abastecendo a chalupa de lenha e água; ao final desse trabalho, o tempo estava bom. Então, zarpei daquele lugar desolado.

Há pouco mais a dizer a respeito da primeira passagem do *Spray* através do Estreito que seja diferente do que já registrei. Ancorei e carreguei muitas vezes, e lutei muitos dias contra a correnteza, e algumas vezes fiz um "desvio" de algumas poucas milhas, até que finalmente ancoramos e nos abrigamos para passar a noite em Puerto Tamar, avistando Cabo Pillar a oeste. Então, senti a pulsação do grande oceano que se abria diante de mim. Naquele momento, eu sabia que havia deixado um mundo inteiro para trás e que estava descortinando um outro mundo à minha frente. Eu havia ultrapassado a região dos selvagens. Grandes montanhas de granito de aspecto ermo e sem vida agora estavam para trás; em algumas delas jamais crescera sequer uma nódoa de musgo. Havia uma certa virgindade intacta naquela região. Na serra ao fundo de Puerto Tamar, um pequeno farol havia sido erigido, mostrando que um homem estivera ali. Mas como saber se não havia morrido de solidão e tristeza? Em regiões assim desoladas, é impossível desfrutar da solidão.

Ao longo de todo o Estreito, a oeste de Cape Froward, não vi nenhum animal, exceto os cachorros que viviam com os selvagens. Esses cães, eu via bastante, e escutava seus latidos noite e dia. Não havia muitas aves. O grito de uma ave selvagem, que julguei ser uma mobelha, às vezes, me assustava com seu agudo penetrante. O pato-vapor, assim chamado porque se impulsiona sobre o mar com as asas, lembrando um barco a vapor com roda de pás em miniatura, era, às vezes, visto apressado, fugindo de algum perigo. Ele não voa, mas, batendo as asas na água, em vez de bater as asas no ar, é mais veloz que um barco a remo ou que uma canoa. As poucas focas que avistei eram muito tímidas; e, no que diz respeito aos peixes, não vi praticamente nenhum. Não pesquei nenhum; na verdade, eu poucas vezes, ou nunca, lancei um anzol durante toda a viagem. Aqui no Estreito encontrei grande abundância de mariscos de excelente qualidade. Fartei-me deles suntuosamente. Havia uma espécie de cisne, menor que o pato-do-mato, que podia ser abatido com o rifle, mas, na solidão da vida naquela região erma, não me senti disposto a tirar outra vida, exceto se precisasse me defender.

CAPÍTULO VIII

Era dia 3 de março quando o *Spray* zarpou de Puerto Tamar em direção a Cabo Pillar, com um vento de nordeste, que eu ardorosamente esperava que pudesse se manter até deixarmos a costa; mas a sorte andava escassa. Logo começou a chover e escurecer a noroeste, presságios nada alvissareiros. O *Spray* passou rapidamente pelo Cabo Pillar e, determinado, avançou de uma vez no Oceano Pacífico, tomando seu primeiro banho de mar na tempestade que se formava. Não havia como voltar atrás agora, mesmo que eu quisesse, pois a costa estava fechada pela escuridão da noite. O vento refrescou, e fiz uma terceira rizadura. O mar estava confuso e traiçoeiro. Em tempo semelhante, rezava o velho marinheiro "Lembra, Senhor, meu barco é pequeno e o teu mar é tão vasto!". Agora eu só enxergava as cristas cintilantes das ondas. Mostravam seus dentes brancos enquanto a chalupa balançava sobre elas. "Daria tudo para estar em mar aberto", exclamei, e com esse intuito icei todas as velas que a chalupa podia suportar. Corremos a noite inteira a todo pano, mas, na manhã de 4 de março, o vento mudou para sudoeste, depois voltou-se subitamente para noroeste e soprou com uma força terrível. O *Spray*, despido de todas as velas, então, ficou à deriva com mastros nus. Nenhum barco poderia enfrentar uma tempestade tão violenta. Como eu sabia que a tempestade poderia continuar por muitos dias, e que era impossível voltar para oeste margeando a costa da Tierra del Fuego, parecia não haver nada a fazer senão continuar em frente, rumo ao leste, afinal. De qualquer modo, para minha segurança naquele momento, o único curso seguro era continuar com o vento pela popa. E assim navegamos para sudeste, como se fôssemos contornar o Cabo Horn, enquanto as ondas cresciam e desciam e berravam a história interminável do mar; mas a mão que sustentava aquelas ondas também sustentava o *Spray*. Agora a chalupa corria com a vela de estai rizada, escotas caçadas a meia-nau. Soltei à ré dois cabos compridos para estabilizar o curso e deixar os mares encapelados para trás, e amarrei o leme a meia-nau. Com tal mareação, a chalupa seguiu com o vento pela popa, sem que as ondas invadissem o convés nenhuma vez. Mesmo no pior da procela, meu barco continuou se portando com integridade e nobreza. Minhas dúvidas sobre seu mérito naval se foram para sempre.

Cabo Pillar.

Depois de fazer tudo o que eu podia pela segurança do barco, fui até a escotilha da proa, entre ondas, e preparei um bule de café no fogão a lenha e um bom cozido irlandês. Então, como sempre fiz no *Spray*, procurei comer refeições quentes. Na travessia ao largo de Cabo Pillar, no entanto, onde o mar estava incrivelmente alto, irregular e encrespado, meu apetite foi reduzido, então, durante algum tempo, evitei cozinhar. (Confesso, fiquei mareado!)

O primeiro dia de tempestade deu ao *Spray* seu verdadeiro teste nas piores condições de mar que o Cabo Horn e sua região selvagem poderiam propiciar, e em nenhuma parte do mundo se encontraria um mar tão bravio quanto a sombria sentinela do Horn — nesse ponto particular, a saber, ao largo do Cabo Pillar.

Mais adiante, em alto-mar, mesmo com o mar majestoso, senti menos apreensão de perigos. Ali o *Spray* navegou ora como um pássaro na crista de uma onda, ora como um órfão no vazio entre vagalhões; e, assim, seguimos em frente. Dias inteiros se passaram, contados como outros dias, mas sempre com um frenesi — sim, de prazer.

No quarto dia de tempestade, me aproximando rápido do Cabo Horn, verifiquei minha carta náutica e calculei a distância até Port Stanley, nas Ilhas Falkland, onde eu poderia recalcular minha rota e fazer reparos, então vi entre as nuvens uma alta montanha, cerca de sete léguas a bombordo. O aspecto feroz da tempestade a essa altura havia passado, e eu já pusera na retranca uma vela quadrada, pois a vela grande estava toda rasgada. Recolhi os cabos à ré, icei essa vela desengonçada bem rizada, já com a de estai içada, e, com esse velame, conduzi a chalupa de uma vez com vento pela popa em direção à costa, que parecia ser de uma ilha no meio do mar. Era, afinal, uma ilha, embora não a ilha que eu imaginava.

Eu estava exultante pela perspectiva de entrar mais uma vez no Estreito de Magalhães e novamente avançar no Pacífico, pois as condições eram mais do que árduas na altura da costa da Tierra del Fuego. Era de fato um mar montanhoso. Quando a chalupa atravessava os piores vendavais, apenas com a vela de estai içada, bem rizada, mesmo essa pequena vela era capaz de sacudir o barco inteiro, da quilha ao convés, quando tremulava a valuma. Se eu ainda tivesse a sombra de uma dúvida quanto à segurança da chalupa, seria que talvez vazasse no cavername embaixo da carlinga; mas nunca precisei usar a bomba para extrair água. Sob a pressão da menor vela que pude usar para não adernar, a chalupa correu para a terra firme como um cavalo de corrida, e as manobras sobre as cristas das ondas para que a chalupa não virasse foram muito bem realizadas. Agora eu estava sempre ao leme, trabalhando com afinco.

A noite caiu antes de alcançarmos a costa, e deixei o barco tatear o caminho na mais densa escuridão. Avistei ondas se quebrando não muito adiante. Por causa disso, mantive distância da arrebentação, mas imediatamente fui surpreendido pelo imenso rumor de ondas à minha frente, a sotavento. Isso me intrigou, pois não deveria haver arrebentação no ponto onde eu supunha estar. Mantive o curso por um bom trecho, depois dei a volta, mas também encontrei ali ondas se quebrando, e manobrei novamente rumo ao mar aberto. Assim, entre tantos riscos, passei o resto da noite. O nevoeiro e o granizo dos atrozes temporais cortaram minha carne até escorrer sangue do meu rosto; mas e daí? Já era dia, e a chalupa estava em meio à Via Láctea marítima, que é o noroeste do Cabo Horn, e foram imensas ondas quebradas entre rochedos submarinos que ameaçaram engolir o *Spray* ao longo da noite. Era a Ilha Fury que eu avistara e para onde me dirigia, e que panorama eu tinha diante de mim agora e por todos os lados! Não era o momento para me queixar de sangramentos superficiais. O que mais eu poderia fazer senão me enfiar entre os vagalhões e encontrar um canal entre eles, agora que o dia estava claro? Se havíamos escapado entre as pedras ao longo da noite, certamente encontraríamos o caminho à luz do dia. Essa foi a maior aventura marítima da minha vida. Só Deus sabe como meu barco escapou.

A chalupa, enfim, alcançou o sotavento de pequenas ilhas que a protegeram em águas lisas. Então subi no mastro para observar a paisagem selvagem à popa. O grande naturalista Darwin observou essa paisagem marinha desde o convés do *Beagle* e escreveu em seu diário: "Qualquer homem do campo, vendo a Via Láctea agora, teria pesadelos durante uma semana". Ele poderia ter agregado "ou do mar".

A boa sorte do *Spray* logo se revelou. Descobri, navegando por um labirinto de ilhas, que estávamos no Canal Cockburn, que dá no Estreito de Magalhães do lado oposto ao Cabo Froward, e que já estávamos passando por Thieves' Bay,[5] cujo nome é sugestivo. À noite de 8 de março, ora, ancoramos na acolhedora enseada de Turn! O coração do *Spray* bateu agradecido.

---

5. Baía dos Ladrões. (N.E.)

Ali, ponderei sobre os acontecimentos dos últimos dias e, por incrível que pareça, em vez de me sentir descansado depois de ter me deitado e repousado, minha sensação era de abatimento e exaustão; consegui dormir depois de uma refeição quente de cozido de caça, que me fez bem. Assim que me veio o sono, comecei a espalhar as tachas pelo convés; enquanto me recolhia, tomei o cuidado de não pisar nelas eu mesmo, seguindo o conselho de meu velho amigo Samblich. Garanti que estivessem com as pontas para cima, pois, ao passarmos pela Thieves' Bay, duas canoas apareceram e seguiram o rastro do *Spray*; não havia mais como disfarçar, eu não estava sozinho.

Ora, todos sabem que não se pode pisar em uma tacha sem dizer nada a respeito. Um bom cristão soltará um assobio ao pisar na ponta de uma tacha; um selvagem uivará e golpeará o ar — e isso foi o que aconteceu. Por volta da meia-noite, os selvagens acharam que "me surpreenderiam", com chalupa e tudo, enquanto eu dormia na cabine, mas eles que se surpreenderam e mudaram de ideia assim que pisaram no convés. Nem precisei de cachorro; eles mesmos uivaram como uma alcateia. Nem precisei do meu rifle. Saltaram alvoroçados, alguns pulando de volta em suas canoas, alguns no mar, para aliviar a dor, imagino, e houve muita gritaria e palavrório nesse meio-tempo. Disparei vários tiros quando subi ao convés, para os malandros saberem que havia gente em casa, e depois tornei a me recolher, seguro de que pessoas que fugiam com tanta pressa não me incomodariam novamente.

Os fueguinos, sendo cruéis, naturalmente são covardes; veem um rifle com um pavor supersticioso. Eles só representariam perigo real se eu permitisse que me cercassem ao alcance de seus arcos e flechas ou ancorasse onde eles pudessem fazer uma emboscada. Quanto a virem ao convés à noite, mesmo que eu não tivesse espalhado as tachas, conseguiria espantá-los e resistir com tiros disparados da cabine. Sempre deixava uma quantidade de munição ao alcance da mão, e na cabine e no castelo da proa, de modo que, se recorresse a um desses lugares, eu conseguiria "defender a cidadela" simplesmente atirando do convés.

Talvez as consequências do uso do fogo fossem o maior motivo para se ficar apreensivo. Toda canoa leva seu fogo aceso; não há nada de mais nisso, pois é costume entre eles se comunicar por sinais de fumaça. Mas brasas inofensivas que ficam no fundo de uma canoa podem incendiar a cabine de alguém que não esteja atento. O capitão do porto de Punta Arenas me alertou especialmente para esse risco. Pouco tempo antes, os fueguinos haviam incendiado uma canhoneira chilena atirando-lhe brasas pelas escotilhas. O *Spray* não tinha aberturas na cabine ou no convés, exceto duas escotilhas, e estas eram protegidas por trancas que ninguém poderia abrir sem me acordar, se eu estivesse dormindo.

"Eles uivaram como uma alcateia."

Na manhã do dia 9, após um revigorante repouso e um desjejum quente, e depois de remover as tachas do convés, reuni todas as lonas que tinha sobrando a bordo e comecei a costurar uma na outra, no formato de um topo triangular para a vela quadrada do mastro principal, que era um toldo. O dia parecia prometer bom tempo e vento brando, mas nem sempre se podia contar com as aparências na Tierra del Fuego. Enquanto eu me perguntava por que não havia árvores na encosta diante da qual eu estava ancorado, entretido também com a costura da vela, pensando em desembarcar com meu rifle e inspecionar um rochedo branco na praia, perto de um córrego, um *williwaw* começou com uma força tão terrível que arrastou o *Spray*, com duas âncoras lançadas, como se ele fosse uma pena, para fora da enseada e à deriva em águas profundas. Estava explicado por que não cresciam árvores naquela encosta! Grande Bóreas! Uma árvore precisaria ser feita inteira de raízes para se agarrar à terra contra ventos tão furibundos.

No entanto, da enseada até a costa mais próxima, a sotavento, era uma longa deriva, e tive bastante tempo para amarrar as duas âncoras antes que a chalupa se aproximasse de qualquer perigo, de modo que não houve nenhuma consequência grave. Não avistei mais selvagens naquele dia nem no dia seguinte; provavelmente conheciam formas de detectar algum sinal da aproximação dos *williwaws*; ao menos, eles foram prudentes ficando em terra firme até o segundo dia, pois, assim que retomei a costura da vela, depois de ancorar, o vento, como no dia anterior, pegou a chalupa em cheio e a arrastou por várias milhas de penhascos e precipícios de um litoral selvagem e de aparência pouco convidativa. Não lamentei quando cheguei longe dali, embora não fossem nada elísios os litorais que encontrei em meu curso. Continuei navegando com a expectativa, já que não tinha outra opção senão seguir em frente, de atravessar até a Baía de San Nicolás, onde havia ancorado no 19 de fevereiro. Agora estávamos em 10 de março! Chegando à baía pela segunda vez, terminei a circum-navegação da parte mais selvagem da desolada Tierra del Fuego. Mas o *Spray* ainda não havia chegado a San Nicolás, e por puro acaso seu cavername não permaneceu ali para sempre naufragado, quando, enfim, chegou. Uma folha da vela de estai se rompera durante um *williwaw*, quando o mar estava turbulento e a chalupa penetrava a tempestade, o que me levou adiante; vi, naquele instante, um rochedo escuro diante de mim e vagalhões se quebrando tão perto que senti que certamente tudo estava perdido, e em meus pensamentos exclamei: "A mão do destino estará contra mim, então, levando-me, enfim, para este antro escuro!?". Voltei correndo para a popa, soltando a vela, e girei todo o leme. Eu esperava que, quando a chalupa entrasse no vazio da onda, eu sentiria o casco embaixo de mim ser esmagado contra as pedras, mas, quando toquei o leme, a chalupa virou e escapou do perigo, e, no momento seguinte, estava a sotavento da costa.

Um vislumbre de Sandy Point (Punta Arenas),
no Estreito de Magalhães.

Era a ilhota no meio da baía rumo à qual a chalupa viera se dirigindo, e à qual chegou com uma determinação impecável, a ponto de quase se chocar contra ela. Mais adiante, ao longo da baía, eu ancoraria aonde conseguisse chegar, porém, antes disso, outra tempestade pegou a chalupa em cheio e nos fez rodopiar, levando-nos embora para sotavento da baía. Logo em frente, ainda para sotavento, havia um grande promontório, e zarpei em sua direção. Isso significava retraçar meu curso em direção a Punta Arenas, pois o vendaval vinha de sudoeste.

Logo consegui controlar a chalupa, contudo, e em pouco tempo manobrei até o sotavento de uma montanha, onde o mar estava liso como um lago, e as velas folgaram e penderam frouxas enquanto seguíamos perto da costa. Aí pensei em ancorar e descansar até amanhecer, a uma profundidade de 8 braças, bem perto da costa, mas foi interessante notar, enquanto eu descia a âncora, que ela não chegou ao fundo antes que outro *williwaw* descesse dessa montanha e carregasse a chalupa mais depressa do que eu conseguia soltar o cabo à ré. Portanto, em vez de descansar, tive de "manobrar o cabrestante" e puxar a âncora com 50 braças de cabo balançando dentro de águas profundas. Isso aconteceu naquela parte do Estreito chamada Puerto del Hambre. Triste Porto da Fome! Trabalhei o resto da noite no cabrestante da chalupa, pensando em como era mais fácil para mim quando eu podia dizer "Faça isso, faça aquilo!", em vez de fazer tudo eu mesmo. Mas segui em frente e entoei velhas canções que costumava cantar quando era marinheiro. Nesses últimos dias, eu havia passado por muitas coisas e me senti grato por minha situação não ser pior.

Era dia claro quando a âncora chegou à espia. A essa altura, o vento amainara, uma brisa assumiu o lugar dos *williwaw*s, enquanto a chalupa seguiu lentamente em direção a Punta Arenas. Avistei barcos ancorados e estava praticamente decidido a atracar para obter velas novas, mas o vento soprou do nordeste, um vento bom em outra direção, então, virei a proa do *Spray* para oeste, mais uma vez rumo ao Pacífico, a fim de percorrer uma segunda vez a segunda metade da minha primeira travessia do Estreito.

CAPÍTULO IX

Eu estava decidido a me valer apenas dos meus parcos recursos para consertar os estragos da grande tempestade que me levou ao sul em direção ao Horn, depois que passei do Estreito de Magalhães para o Pacífico. De modo que, quando voltei para o Estreito, através do Canal Cockburn, não rumei para leste em busca de ajuda em Punta Arenas, mas, novamente virando para noroeste no Estreito, passei a trabalhar na costura das velas a cada oportunidade, tanto ancorado quanto navegando. Foi um trabalho lento; mas, pouco a pouco, a vela quadrada na retranca se expandiu até as dimensões de uma vela mestra, com gurutil e valuma. Se não era a vela mais bem construída, era ao menos bastante forte e suportaria ventos intensos. Um barco, encontrando o *Spray* muito mais tarde, relatou que a chalupa tinha uma vela mestra de desenho improvisado e um sistema de rizadura patenteado, mas isso não era verdade.

Durante alguns dias, após a tempestade, o *Spray* desfrutou de bom tempo e percorreu num bom ritmo uma distância de vinte milhas através do Estreito, o que, naqueles dias de muitas adversidades, considerei um longo trecho. O tempo, como eu disse, ficou bom apenas por alguns dias; mas ensejou pouco descanso. O cuidado com a segurança de meu barco, e também com minha própria vida, de modo algum foi reduzido pela ausência de tempestades. Na verdade, o perigo era até maior, na medida em que os selvagens, em dias relativamente melhores, se arriscavam em suas excursões de saque e, em dias tempestuosos, desapareciam, pois suas malditas canoas eram frágeis e mal mereciam o nome de artefato naval. Sendo assim, passei a gostar mais do que nunca dos vendavais, e o *Spray* nunca ficou muito tempo sem eles, em seus esforços na região do Cabo Horn. Em certa medida, resignei-me àquela vida e comecei a pensar que uma nova travessia do Estreito, caso a chalupa ficasse à deriva outra vez, faria de mim o agressor e colocaria os fueguinos totalmente na defensiva. Essa sensação se impôs imperativamente em Snug Bay, onde ancorei na manhã cinzenta em que passei o Cabo Froward. Percebi, com a claridade do dia, que duas canoas, as quais eu deixara para trás, navegando a noite inteira, estavam agora entrando na mesma baía, furtivamente, à sombra da costa elevada. Ambas eram tripuladas, e os selvagens estavam bem armados de lanças e arcos. Disparei meu rifle na direção de suas proas, e as duas desviaram por um pequeno córrego, fora do meu alcance. Sob o risco de ser cercado por selvagens escondidos na mata vizinha, fui obrigado a içar velas, sendo que havia acabado de recolhê-las, e atravessar para o lado oposto do Estreito, a uma distância de seis milhas. Mas agora eu não saberia como levantar âncora, pois, por causa de um acidente no cabrestante, naquele momento eu não conseguiria movê-la. No entanto, mesmo assim, icei todas as velas e fui em frente, puxando um pouco o cabo manualmente. A chalupa arrastou sua âncora como se o ferro fosse feito para ser rebocado assim, sobre o fundo do mar, levando consigo uma tonelada ou mais de algas de um recife da baía; soprava uma brisa revigorante.

Nesse meio-tempo, trabalhei até arrancar sangue dos meus dedos enquanto vigiava, com um olhar atento, os selvagens. Mantive o rifle à mão e atirava com ele sempre que via uma perna ou um graveto se mexerem; um índio que aparecesse em meu campo de visão seria considerado uma declaração de guerra. Na verdade, porém, o único sangue derramado foi o meu — e por acidentes banais, com sangramentos superficiais, quando, de um jeito afobado, pisei em pregos, ou tachas. Os ferimentos nas mãos, de tanto puxar com força os cabos úmidos, às vezes, eram dolorosos e, com frequência, sangravam; mas logo sararam quando finalmente me afastei do Estreito e me deparei com um bom tempo.

Depois de deixar Snug Bay, levei a chalupa ao vento, consertei o cabrestante e trouxe a âncora até a espia e a recolhi, então segui até um porto, ao abrigo de uma alta montanha, cerca de seis milhas adiante, e ancorei com nove braças, sob a face de um penhasco perpendicular. Aí minha voz me respondeu de volta, e batizei o lugar de "Montanha do Eco". Avistando árvores mortas onde a costa se abria, desembarquei para obter lenha, levando, além do machado, meu rifle, que naqueles dias eu nunca deixava muito distante do alcance da mão; mas não encontrei nenhuma criatura ali, com exceção de uma pequena aranha, que se aninhara em um tronco seco que levei no bote até a chalupa. A conduta dessa aranha me interessou mais do que tudo naquele lugar selvagem. Em minha cabine, ela encontrou, curiosamente, outro da mesma espécie e do mesmo tamanho, que viera comigo de Boston — um sujeitinho muito polido, mas também muito ágil. Bem, o aracnídeo fueguino ergueu as patas para brigar, mas meu pequeno bostoniano logo o derrubou, depois quebrou-lhe patas e as arrancou, uma por uma, com tanta destreza que, em menos de três minutos desde o início da batalha, a aranha fueguina não se diferenciava mais de uma mosca.

Na manhã seguinte, zarpei às pressas, depois de uma noite acordado naquele litoral estranho. Antes de levantar âncora, contudo, preparei uma boa xícara de café quente em meu grande fogão de Montevidéu. No mesmo fogo, cremei o inseto fueguino, morto um dia antes pelo pequeno guerreiro de Boston, que uma dama escocesa na Cidade do Cabo muito mais tarde batizaria de "Bruce" ao ouvir sobre suas proezas na Montanha do Eco. O *Spray* agora se afastava da Coffee Island, que eu avistara no meu aniversário, em 20 de fevereiro de 1896.

Ali enfrentamos outra tempestade, que nos levou a sotavento da grande Charles Island em busca de abrigo. Em um ponto cego em Charles, avistei fogueiras de sinalização, e uma tribo de selvagens, reagrupados ali desde minha primeira travessia do Estreito, tripulando suas canoas, veio na direção da chalupa. Não foi prudente da minha parte ancorar ao alcance de arqueiros, na costa coberta de árvores; mas fiz sinais permitindo que uma canoa se aproximasse, enquanto a chalupa percorria com vento pela popa a sotavento da costa. Às outras, sinalizei para que se afastassem, e deixei meu rifle Martini-Henry sempre à mão, em cima da cabine. Na canoa que se aproximou, exclamando sua ladainha mendicante, "*yammerschooner*", vinham duas índias e um índio, os espécimes mais duros da humanidade que já vi em todas as minhas viagens. "*Yammerschooner*" era seu resmungo quando se afastaram da costa e "*yammerschooner*" era o que diziam quando se emparelharam. As índias pediam comida, enquanto o índio, um selvagem de pele escura, portava-se como se não estivesse interessado; porém, quando me virei para buscar alguns biscoitos e carne-seca para as índias, o "bruto" saltou no meu convés e me confrontou, dizendo, em espanhol truncado, que já havíamos nos encontrado antes. Julguei reconhecer o tom de seu "*yammerschooner*", e sua barba negra o identificou como o Pedro Preto, a quem, de fato, eu encontrara antes. "Onde está o resto da tripulação?", ele perguntou, olhando inquieto para os lados, como se esperasse tripulantes que fossem sair pela escotilha e tratá-lo como ele merecia por causa de muitos assassinatos. "Cerca de três semanas atrás", disse ele, "quando você passou por aqui, vi três homens a bordo. Onde estão os outros dois?" Respondi de modo sucinto que a tripulação continuava a bordo. "Mas", ele disse, "estou vendo você fazer todo o trabalho sozinho", e, com um sorriso irônico, agregou, olhando para a vela mestra, "*hombre valiente*". Expliquei que eu fazia todo o trabalho durante o dia, enquanto o restante da tripulação dormia, de modo que eles estivessem revigorados para vigiar os índios à noite. Eu já estava interessado na sutil astúcia desse selvagem, conhecendo-o de antemão, talvez mais do que ele mesmo soubesse. Ainda que eu não tivesse sido avisado quando zarpei de Punta Arenas, àquela altura eu já havia desvendado o arquivilão que ele era. Além do mais, uma das índias, com aquela fagulha de bondade que em alguma medida se encontra até no mais primitivo selvagem, alertou-me com um sinal de que Pedro Preto poderia me fazer algum mal. Mesmo sem esse alerta, eu já estava em guarda desde o início e, no momento, portava um revólver pronto para ser usado.

"Yammerschooner!"

"Quando passou por aqui antes", ele disse, "você atirou em mim", acrescentando de um modo enfático que aquilo havia sido "*muy malo*". Eu fingi não compreender e disse: "Você morava em Punta Arenas, não é?". Ele respondeu com franqueza "Sim!", e pareceu contente por encontrar alguém que conhecia seu velho rincão. "Na missão?", indaguei. "Ora, sim!", ele respondeu, dando um passo à frente como se fosse abraçar um velho amigo. Fiz sinal para ele recuar, pois não aprovava seu humor lisonjeiro. "E você conhece o capitão Pedro Samblich?", continuei. "Sim", disse o bandido que havia assassinado um compatriota de Samblich, "sim, conheço; ele é um grande amigo meu". "Eu sei", eu disse. Samblich me dissera que eu deveria atirar nele assim que o encontrasse. Apontando para meu rifle sobre a cabine, ele quis saber quantos tiros disparava. "*¿Cuántos?*", ele disse. Quando expliquei que aquela arma atirava sem parar, seu queixo caiu, e ele disse que ia embora. Não quis impedi-lo. Dei às índias biscoitos e carne-seca, e uma delas me deu vários blocos de sebo em troca, e creio ser digno de nota que ela não me ofereceu os pedacinhos, mas se deu ao trabalho de me oferecer os maiores pedaços que tinha na canoa. Um cristão não teria feito melhor. Antes de desembarcar da chalupa, o astuto selvagem pediu fósforo e fez menção de alcançar com a ponta da lança a caixa que eu estava prestes a lhe oferecer; mas ofereci sobre o cano do meu rifle, aquele que "atirava sem parar". O sujeito tirou a caixa de cima da arma com desenvoltura, mas deu um pulo quando eu disse "*Quedao!*" [atenção], ao que as índias gargalharam e não pareceram aborrecidas. Talvez o desgraçado tivesse batido nelas naquela manhã por não terem recolhido mariscos suficientes para o desjejum. Houve um bom entendimento entre nós.

De Charles Island, o *Spray* atravessou até Fortescue Bay, onde ancoramos e passamos uma noite confortável a sotavento de uma costa elevada, enquanto o vento uivava lá fora. A baía estava deserta agora. Eram índios de Fortescue, os que eu havia visto na ilha, e tive a certeza de que não conseguiriam acompanhar o *Spray* naquele vento forte. Para não negligenciar a precaução, no entanto, espalhei tachas no convés antes de me recolher.

No dia seguinte, a solidão do lugar foi rompida pela aparição de um grande navio a vapor que veio ancorar por ali com seu porte altivo. Não era hispânico. Reconheci o porte, o modelo, o desenho. Hasteei minha bandeira e logo avistei as estrelas e as listras[6] desfraldadas à brisa no topo do grande navio.

O vento havia, contudo, se amenizado, e, ao anoitecer, os selvagens surgiram, vindo da ilha, e foram diretamente do vapor para o "*yammerschooner*". Então eles vieram ao *Spray* para pedir mais ou para roubar tudo, declarando que não tinham conseguido nada do vapor. Pedro Preto emparelhou novamente. Meu próprio irmão não teria se mostrado mais contente em me ver, e ele pediu que eu lhe emprestasse o rifle para matar um guanaco no dia seguinte. Prometi que, se eu ficasse ali mais um dia, eu o emprestaria, mas eu não tinha essa intenção. Dei-lhe um canivete de cobre e alguns outros artigos que seriam úteis na construção de uma canoa e mandei-o embora.

Protegido pela escuridão da noite, fui até o vapor, que descobri ser o *Colombia*, do capitão Henderson, de Nova York, rumo a São Francisco. Levei todas as minhas armas comigo, para o caso de ser necessário lutar na volta. Descobri que o imediato do *Colombia*, o senhor Hannibal, era um velho amigo meu, e conversamos calorosamente sobre os dias em Manila, quando

---

6. Referência à bandeira dos Estados Unidos. (N.E.)

estivemos juntos por lá, ele no *Southern Cross*, eu no *Northern Light*, ambos navios tão bonitos quanto seus nomes.

O *Colombia* tinha uma abundância de provisões frescas a bordo. O capitão deu uma ordem ao despenseiro, e lembro-me de que o inocente rapaz me perguntou se eu poderia armazenar, entre outras coisas, algumas latas de leite e um queijo. Quando ofereci meu ouro de Montevidéu em troca das provisões, o capitão rugiu como um leão e disse que eu deveria guardar meu dinheiro. Saí dali com uma quantidade gloriosa de provisões de todos os tipos.

UM CONTRASTE NA ILUMINAÇÃO: LUZES ELÉTRICAS DO *COLOMBIA*
E FOGUEIRAS DAS CANOAS DOS INDÍGENAS DE FORTESCUE.

Voltando ao *Spray*, onde guardei tudo, preparei-me para zarpar logo cedo, pela manhã. Combinamos que o vapor apitaria se fosse o primeiro a partir. Observei o vapor, vez ou outra, ao longo da noite, pelo simples prazer de ver suas luzes elétricas; era uma visão aprazível em contraste com as canoas fueguinas de sempre com suas brasas dentro. A chalupa foi a primeira a zarpar, mas o *Colombia*, zarpando em seguida, passou por nós e nos saudou enquanto passava. Se o capitão tivesse me entregado o comando de seu vapor, a companhia não estaria pior do que ficou dois ou três meses depois. Li, mais tarde, em um jornal da Califórnia, "Fiasco do *Colombia*". Em sua segunda viagem ao Panamá, o vapor naufragou nas costas rochosas da Califórnia.

O *Spray* estava, então, seguindo contra o vento e a correnteza, como sempre no Estreito. Neste ponto, as marés do Atlântico e do Pacífico se encontram, e, no Estreito, como na costa de fora, esse encontro provoca uma comoção de redemoinhos e vagalhões, cujos pés de vento são perigosos para canoas e outras embarcações frágeis.

Algumas milhas adiante, havia um vapor maior encalhado, com o casco virado para cima. Passando por esse local, a chalupa entrou com vento leve pela popa, e depois — condição mais extraordinária no clima do Estreito —, o mar ficou inteiramente calmo. Avistaram-se fogueiras de sinalização por todos os lados, e, então, mais de vinte canoas apareceram, todas vindo na direção do *Spray*. Quando se aproximaram à distância de uma saudação, os selvagens gritaram "Amigo *yammerschooner!*", "*Anclas aquí!*", "*Bueno puerto aquí*" e outras frases do espanhol truncado que usavam. Eu não tinha intenção nenhuma de ancorar naquele "bom porto" deles. Hasteei a bandeira da chalupa e disparei um tiro de rifle, o que podem ter interpretado como uma saudação amistosa ou até um convite para virem a bordo. Aproximaram-se formando um semicírculo, mas se mantiveram a 80 jardas, o que, em legítima defesa, considerei minha linha de tiro.

Naquela frota débil, havia um bote salva-vidas provavelmente roubado de uma tripulação assassinada. Seis selvagens remavam de forma desconjuntada, com as pás de remos quebrados. Dois dos selvagens que estavam de pé na canoa usavam galochas de marinheiro, o que sustentou a suspeita de que houvessem atacado uma tripulação infeliz, e também agregou uma sugestão de que já tivessem visitado o convés do *Spray*, e agora, se pudessem, tentariam outra vez. Suas galochas, sem dúvida, protegeriam seus pés e os tornariam imunes às tachas do convés. Remando de modo desajeitado, passaram pelo Estreito à distância de umas 100 jardas da chalupa, de um jeito hesitante, como se fossem para Fortescue Bay. Considerei aquilo uma estratégia e mantive o rumo na direção de uma pequena ilhota que logo avistei entre eles e a chalupa, ocultando-os completamente, e para a qual o *Spray* se encaminhava à deriva, impotente contra a maré, e com toda perspectiva de se chocar contra as pedras, pois não havia como ancorar, pelo menos não ao alcance dos meus cabos. E logo avistei um movimento na relva do topo da ilha, que se chama Bonet Island e tem 136 pés de altura. Disparei vários tiros nessa direção, mas não vi mais nenhum sinal dos selvagens. Eram eles que moviam a mata, pois, quando a chalupa passou pela ilha, com o refluxo da maré nos carregando para longe, do outro lado, vi o bote, definitiva prova de astúcia e perfídia. Uma brisa firme, vindo subitamente, então, dispersou as canoas, ao mesmo tempo livrando a chalupa de uma posição arriscada, enquanto o vento, ainda que amistoso, vinha pela proa.

Lutando contra a corrente e contra o vento, o *Spray* chegou a Borgia Bay na tarde seguinte e ancorou ali pela segunda vez. Se possível, descreverei agora o cenário enluarado que encontrei no Estreito à meia-noite, depois que escapei dos selvagens e deixei Bonet Island para trás. Um banco de nuvem pesado, que havia varrido o céu, então, se dissipou, e a noite ficou de repente clara como o dia ou quase tão clara. Uma montanha se espelhava no canal adiante, e o *Spray* navegando ao lado dessa sombra era como se houvesse duas chalupas naquele mar.

Atracando a chalupa, desci o bote, com machado e rifle, desembarquei na ponta da enseada e enchi um barril de água doce de um córrego. Então, como antes, não havia nenhum sinal de índio no local. Julgando a ilhota deserta, perambulei perto da praia por uma hora ou mais. O tempo bom parecia, de alguma forma, agregar solidão ao lugar, e, quando cheguei a um local onde havia uma sepultura, não prossegui. Voltando à ponta da enseada, encontrei uma espécie de Calvário, aparentemente, onde navegadores, levando suas cruzes, deixaram seus marcos como sinalizações para os que viessem depois. Eles haviam ancorado aqui e seguido viagem, todos exceto o que estava embaixo do pequeno morro. Um dos marcos mais singelos, curiosamente, havia sido deixado ali pelo vapor *Colimbia*, embarcação-irmã do *Colombia*, que havia sido meu vizinho naquela manhã.

Registros de passagem pelo Estreito
na ponta da enseada de Borgia Bay.
(Nota: em um pequeno arbusto perto da água, há uma tabuleta
com várias outras inscrições, na qual foram acrescentadas,
em inglês, as palavras "Saveiro *Spray*, março, 1896".)

Li os nomes de muitos outros barcos; copiei alguns deles em meu diário, outros estavam ilegíveis. Muitas dessas cruzes haviam se deteriorado e tombado, e muitos dos que as erigiram eu conhecera; a maioria deles hoje já faleceu. O ar deprimente desse lugar me fez voltar correndo para a chalupa para me esquecer de tudo aquilo outra vez na viagem.

Bem cedo, na manhã seguinte, deixei Borgia Bay para trás e, ao largo de Cape Quod, onde o vento ficou brando, ancorei em meio a algas em 20 braças de profundidade; fiquei ali, contra uma corrente de 3 nós. Nessa noite, ancorei em Langara Cove, algumas milhas adiante, onde encontrei, no dia seguinte, um naufrágio e mantimentos boiando no mar. Trabalhei então o dia inteiro resgatando e embarcando a carga na chalupa. O grosso dos mantimentos era sebo em barris e em grumos soltos, dos barris rachados; e, emaranhada às algas, havia uma pipa de vinho, que também reboquei. Icei tudo isso pela adriça, que amarrei ao cabrestante. O peso de alguns desses barris era de pouco mais de 800 libras.

Resgatando provisões.

Não havia índios em Langara; era evidente que não havia ninguém ali desde que a tempestade varrera o naufrágio para a costa. Provavelmente, havia sido a mesma tempestade que levara o *Spray* ao largo do Cabo Horn, de 3 a 8 de março. Centenas de toneladas de algas haviam se desprendido do fundo do mar e se enroscavam em gretas na praia. Um espécime que encontrei inteiro, raízes, folhas e tudo mais, media 131 pés de comprimento. Nesse lugar, enchi um barril de água à noite, e, no dia seguinte, zarpei, enfim, com bom vento.

Não havia avançado muito, contudo, quando deparei com mais sebo em uma pequena enseada, onde ancorei e desci com meu bote. Choveu e nevou muito durante todo esse dia, e não foi uma tarefa simples carregar sebo andando sobre as pedras da praia. Mas trabalhei nisso até o *Spray* ser ocupado com sua máxima capacidade de carga. Então, fiquei feliz com a perspectiva de fazer bons negócios mais adiante na viagem — um dos hábitos de um velho marinheiro mercante. Zarpei dessa enseada por volta do meio-dia, ensebado dos pés à cabeça, e a chalupa, ensebada da quilha ao garlindéu. Minha cabine, o cavername e o convés ficaram cheios de sebo, e tudo ficou completamente ensebado.

CAPÍTULO X

Outra tempestade, então, havia se formado, mas o vento ainda estava bom, e só faltavam 26 milhas até Puerto Angosto, um lugar inóspito o suficiente, mas onde eu encontraria um porto seguro e poderia fazer reparos e estivar a carga. Usei todas as velas para chegar ao porto antes de escurecer, e a chalupa praticamente voou; toda coberta de uma neve que caía grossa e rapidamente, ela ficou parecendo um pássaro branco de inverno. Entre nevascas, avistei a ponta do porto, e manobrava para lá quando um vento enviesado pegou a vela mestra pelo sotavento e a fez cambar. Oh, céus! Como estive perto de um desastre! Pois a vela se rasgou e a retranca caiu no mar, e já estava quase anoitecendo. Trabalhei até a transpiração gotejar do meu corpo para arrumar tudo antes que escurecesse e, sobretudo, antes que a chalupa derivasse a sotavento do porto de refúgio. Ainda assim, não consegui reposicionar a retranca resgatada. Quando consegui fazer isso, eu já me aproximava do porto e precisava recolhê-la para não perder a entrada; e naquelas condições, mesmo assim, como um pássaro com a asa partida, a chalupa conseguiu aportar. O acidente que prejudicou meu barco e minha carga originou-se de uma escota com defeito, feita de sisal, fibra traiçoeira responsável por muitas maldições, no jargão dos marujos.

Não conduzi o *Spray* ao porto interno de Puerto Angosto, mas segui até um leito de algas que ficava embaixo de um penhasco íngreme a bombordo de quem entrava. Era um recanto extremamente aconchegante, e, para garantir ancoragem contra qualquer *williwaw*, fundeei com duas âncoras e amarrei, com cabos, a chalupa nas árvores. No entanto, nenhum vento atingia esse lugar, exceto rebojos que vinham da montanha do lado oposto do porto. Ali, como em outras partes daquela região, o relevo era formado por montanhas. Naquela condição, eu deveria fazer os reparos necessários e zarpar logo, mais uma vez, seguindo para o Cabo Pillar e em direção ao Pacífico.

Permaneci em Puerto Angosto por alguns dias, ocupado com os reparos da chalupa. Estivei o sebo do convés até o cavername, arrumei melhor minha cabine e embarquei um bom suprimento de lenha e água. Também consertei velas e amarras da chalupa e introduzi uma mezena, o que transformou a embarcação em um iole; continuei me referindo à chalupa, a mezena era apenas um recurso temporário.

Em nenhum momento me esqueci de manter meu rifle sempre perto de mim e pronto para ser usado, nem mesmo quando permaneci mais concentrado no que deveria fazer ali; pois eu havia aportado, sem dúvida, dentro do território de selvagens. Em minha primeira travessia do Estreito, quando ancorei um pouco mais adiante, bem no porto, vi canoas fueguinas onde eu agora trabalhava. Creio ter sido no segundo dia, quando eu estava ocupado no convés, que escutei o zunido de algo atravessando o ar, próximo à minha orelha, e ouvi um "zip" na água, mas não vi o que era. Desconfiei, logo em seguida, de que fosse uma espécie de flecha, apenas pelo tempo necessário para que uma delas passasse não longe de mim e atingisse o mastro principal, onde se fincou, vibrando com o impacto — uma assinatura fueguina. Havia algures, era certo, um selvagem por perto. Eu não tinha como saber ao certo, mas ele podia estar tentando atirar em mim para se apossar da minha chalupa e da carga; de modo que apontei meu velho Martini-Henry, o rifle que disparava sem parar, e o primeiro tiro revelou três fueguinos, que fugiram correndo dos arbustos onde estavam escondidos e subiram a encosta. Disparei uma boa quantidade de cartuchos, mirando abaixo de seus pés para que fossem encorajados a escalar. Meu bom e velho rifle acordou as montanhas, e, a cada disparo, os três selvagens saltavam como se tivessem sido atingidos; mas continuaram subindo, e logo a montanha da Tierra del Fuego se interpôs entre eles e o *Spray* o mais depressa que suas pernas podiam correr. Tomei o cuidado, então, mais do que antes, de deixar em ordem todas as minhas armas de fogo e de ter munição sempre a postos. Mas os selvagens não voltaram. Embora eu pusesse tachas no convés todas as noites, não percebi a presença de mais nenhum visitante, e eu só precisava tirar as tachas do convés cuidadosamente na manhã seguinte.

"O PRIMEIRO TIRO REVELOU TRÊS FUEGUINOS."

Com o passar dos dias, o tempo foi ficando mais favorável, ensejando que bons ventos abrissem o Estreito, e então resolvi, depois de seis tentativas, tendo de retroceder em todas elas, não ter mais pressa para zarpar. O tempo ruim, em meu último retorno a Puerto Angosto em busca de abrigo, trouxe a canhoneira chilena *Condor* e o cruzador argentino *Azopardo* ao porto. Assim que este último ancorou, o capitão Mascarella, comandante, enviou um bote ao *Spray* com a mensagem de que me rebocaria até Punta Arenas se eu quisesse desistir da viagem e voltar — a última coisa que me passaria pela cabeça. Os oficiais do *Azopardo* me disseram que, ao passarem pelo Estreito depois do *Spray* em minha primeira travessia, haviam visto Pedro Preto, e ficaram sabendo que ele tinha me visitado. O *Azopardo*, que pertencia às forças armadas de um país estrangeiro, não tinha direito de prender o delinquente fueguino, mas o capitão me censurou por não ter baleado o bandido quando este subira a bordo da minha chalupa.

Solicitei aos dois navios um pouco de cordame e alguns outros itens de pouca monta, aos quais ambos os oficiais acrescentaram uma quantidade de camisas de flanela grossas de que eu precisava muito. Com tais acréscimos ao meu guarda-roupa, e a chalupa reparada, embora um tanto carregada demais, eu estava preparado para outra investida rumo ao denominado — de forma enganosa — Oceano Pacífico.

Na primeira semana de abril, os ventos de sudeste, que costumam surgir no Cabo Horn no outono e no inverno, trazendo um tempo melhor do que eu passara no verão, começaram a dispersar as nuvens mais altas; com um pouco mais de paciência, chegaria a hora de velejar com bons ventos.

Em Puerto Angosto, encontrei o professor Dusen, da expedição sueca à América do Sul e às ilhas do Pacífico. Ele estava acampado ao lado de um riacho na extremidade do porto, onde havia muitas espécies de musgos, pelos quais se interessava, e onde a água, segundo seu cozinheiro argentino, era "*muy rica*". O professor mantinha três argentinos bem armados em seu acampamento para combater os selvagens. Eles pareceram enojados quando me viram recolher água de um riacho próximo ao barco, ignorando seu conselho de buscá-la mais adiante em um córrego maior, que era "*muy rico*". Mas eram todos sujeitos simpáticos, embora seja espantoso que não tenham morrido de dores reumáticas por dormir naquele terreno úmido.

Não é meu intento comentar todas as venturas e desventuras do *Spray* em Puerto Angosto, as muitas tentativas de zarpar e todos os retrocessos em busca de abrigo. Foram muitos motivos de atrasos a que tive de me submeter, mas, no dia 13 de abril, pela sétima e última vez, levantei âncora daquele porto. Entretanto, as dificuldades multiplicaram-se de modo tão espantoso que, se eu fosse dado a receios supersticiosos, não teria zarpado no dia 13, apesar de haver bom vento. Muitos incidentes foram absurdos. Por exemplo, num momento em que eu desvencilhava o mastro da chalupa dos galhos de uma árvore, onde eu fora parar, à deriva, em torno de uma ilhota, novamente contra minha vontade, cheguei a considerar que esse tipo de situação fosse mais do que meus nervos suportariam e achei que precisaria me expressar ou eu morreria com a mandíbula travada. Praguejei contra o *Spray* como um lavrador impaciente faria com seu cavalo ou seu boi. "Você não sabia?!", exclamei. "Você não sabe que não consegue subir em árvores!?" Mas o pobre *Spray* havia passado, com sucesso, praticamente por tudo no Estreito de Magalhães, e meu coração amoleceu quando pensei no tanto que a chalupa sofrera. Além do mais, a chalupa havia descoberto uma ilha. Nos mapas, essa ilhota que o *Spray* circum-navegara era marcada como um ponto de terra. Batizei a ilhota de Alan Erric, em homenagem a um digno amigo literário que eu encontrara nos lugares mais estranhos da Terra, e finquei uma placa em que se lia "Não pise na grama!" — o que, conforme descobri mais tarde, seria um direito meu.

Então, finalmente, o *Spray* me levou para longe da Tierra del Fuego. Ainda que por um triz, a chalupa passou ilesa, embora a retranca, de fato, tenha raspado nas pedras a sotavento, quando icei uma vela quadrada para escapar da ponta da rocha. Isso se deu em 13 de abril de 1896. Mas escapar por um triz e de raspão não era novidade para o *Spray*.

As ondas tiravam seus chapéus brancos magnificamente para a chalupa, no Estreito, naquele dia, e seguimos com vento sudeste, a primeira genuína brisa de inverno vinda desse quadrante, com todas as perspectivas de deixar Cabo Pillar para trás antes que o vento mudasse de direção. E foi o que aconteceu; o vento soprou forte, como sempre sopra no Cabo Horn, mas ultrapassamos a grande corrente de maré ao largo de Cabo Pillar e das Evangelistas, os rochedos mais exteriores, antes dessa mudança. Permaneci junto ao leme, manobrando minha chalupa naquele mar bravio, encapelado, e não ousei seguir um trajeto linear. Foi necessário alterar o curso entre aqueles vagalhões, enfrentá-los com toda habilidade possível quando se erguiam à minha frente e me desviar deles quando vinham pelos bordos.

Na manhã seguinte, 14 de abril, apenas os picos das montanhas mais altas estavam à vista, e o *Spray*, com boa dianteira rumo ao noroeste, logo deixou tudo isso para trás. "Hurrah *Spray*!", eu berrei para as focas, as gaivotas e os pinguins, pois não havia outra criatura por perto; a chalupa atravessara todos os perigos do Cabo Horn. Além do mais, havíamos resgatado uma carga, na viagem em torno do Horn, da qual não abandonamos nem uma libra no mar. E por que não deveria me rejubilar também com a sorte a meu favor?

Tirei a rizadura e icei a bujarrona completa, pois, havendo bastante espaço, pude marear dois pontos a bombordo. Isso deixou o mar em nosso quadrante, e ficamos seguros, ao vento de través, com boa força nas velas. Ocasionalmente, uma velha vaga de sudoeste, erguendo-se, estourava no costado, mas sem causar estrago. O vento refrescou, enquanto o sol se erguia a meio mastro ou mais, e o ar, um tanto frio pela manhã, se amenizou ao longo do dia; mas pouco pensei nesse tipo de coisa.

Um vagalhão, ao anoitecer, maior do que os que nos ameaçaram durante o dia inteiro — um desses que os marinheiros chamam de "ondas de bom tempo" —, quebrou sobre a chalupa da proa à popa. A onda, que me cobriu, junto ao leme, foi a última a varrer o *Spray* ao largo do Cabo Horn. Essa onda aparentemente lavou velhos remorsos. Todos os meus problemas, então, ficaram para trás; o verão estava pela frente; o mundo inteiro estava diante de mim. O vento ficou bom. Meu "turno" no leme, então, se encerrou, e eram cinco horas da tarde. Eu ficara diante do leme desde as onze da manhã do dia anterior, ou seja, durante trinta horas.

Então, chegou a hora de descobrir a cabeça, pois eu velejava sozinho com Deus. O vasto oceano novamente estava à minha volta, e nenhum pedaço de terra interrompia a linha do horizonte. Alguns dias depois, o *Spray* estava com todas as velas içadas, e, pela primeira vez, navegamos com vela de popa. Isso, na verdade, se deveu a um pequeno incidente, mas foi um incidente a que se seguiu um triunfo. O vento ainda soprava de sudoeste, mas havia moderado, e mares bravios haviam se convertido em ondas murmurantes que vinham e batiam contra o costado enquanto passávamos, lambendo o convés. Rápidas mudanças se sucederam, naqueles dias, à nossa volta, enquanto rumávamos para os trópicos. Novas espécies de aves apareceram; os albatrozes ficaram para trás e se tornaram cada vez mais escassos; gaivotas menores tomaram-lhes o lugar e bicavam migalhas no rastro da chalupa.

No décimo dia depois de passar Cabo Pillar, um tubarão se aproximou, o primeiro de seu tipo naquela parte da viagem a procurar problemas. Arpoei-o e removi sua mandíbula medonha. Até então, não me sentira inclinado a tirar a vida de nenhum animal, mas, quando John Tubarão apareceu, minha simpatia sumiu no vento. É verdade que no Estreito de Magalhães eu deixara passar muitos patos que teriam dado um bom cozido, pois não tivera disposição naquela travessia solitária de tirar a vida de nenhuma criatura.

De Cabo Pillar, manobrei para Juan Fernández e, no dia 26 de abril, quinze dias depois, avistei a histórica ilha à minha frente.

As montanhas azuladas de Juan Fernández, altas, entre nuvens, podiam ser vistas a cerca de trinta milhas de distância. Mil emoções me atravessaram quando a avistei, então, curvei-me e toquei o convés com a cabeça. Podemos zombar do *salaam* oriental, mas, da minha parte, não pude encontrar modo melhor de me expressar.

Com vento brando ao longo do dia, o *Spray* só chegou à ilha à noite. Com o pouco de vento que restava para se encherem as velas, seguimos pela costa nordeste, até que o vento acalmou e continuou assim a noite inteira. Vi lampejos de uma luz fraca na enseada, disparei com meu rifle, mas não obtive resposta; logo depois, a luz se apagou de uma vez. Ouvi o mar bater contra os rochedos a noite inteira e me dei conta de que a ondulação oceânica ainda estava alta, embora, do convés do meu pequeno barco, parecesse baixa. Atento aos sons dos animais naquelas montanhas, que soaram cada vez mais fracos ao longo da noite, estimei que uma correnteza branda estivesse afastando a chalupa da costa; contudo, como eram muito íngremes as montanhas, as aparências enganavam, e a costa poderia estar ali bem próxima, a ponto de representar perigo.

O *Spray* se aproximando de Juan Fernández,
ilha de Robinson Crusoé.

Pouco depois do raiar do dia, vi um barco passar na minha frente. Conforme me aproximei dele, por acaso, apanhei meu rifle, que estava no convés, apenas para guardá-lo na cabine; mas as pessoas desse barco, vendo a arma em minhas mãos, mais do que depressa deram meia-volta e retornaram em direção à costa, a cerca de quatro milhas de distância. Havia seis remadores nesse barco, e observei que usavam remos com forquetas, à maneira de navegadores experientes, o que me fez deduzir que pertenciam a uma raça civilizada; mas a opinião que formaram a meu respeito não deve ter sido nada lisonjeira, pois interpretaram equivocadamente meu propósito com o rifle e fugiram o mais depressa que puderam. Por fim, consegui fazê-los compreender, através de sinais, mas não sem dificuldade, que eu não tinha a intenção de atirar, que estava simplesmente guardando a arma na cabine, e que gostaria que eles voltassem. Quando entenderam minha intenção, voltaram e logo subiram a bordo.

Um membro do grupo, a quem os demais chamavam de "rei", falava inglês; os outros falavam espanhol. Todos eles souberam da viagem do *Spray* por intermédio dos jornais de Valparaíso e estavam ávidos por notícias. Disseram-me que havia uma guerra entre o Chile e a Argentina, sobre a qual eu não tinha ouvido falar quando estivera por lá. Eu havia acabado de visitar esses dois países e disse a eles que, segundo as últimas notícias, enquanto eu estivera no Chile, soube que a ilha deles teria afundado.[7] (Esse mesmo relato de que o arquipélago Juan Fernández havia afundado também corria na Austrália, quando lá cheguei, três meses depois.)

Eu já havia preparado um bule de café e um prato de rosquinhas, que, após algumas palavras de civilidade, os ilhéus aceitaram, e conversamos com entusiasmo; mais tarde, eles rebocaram o *Spray* e me levaram à ilha a uma boa velocidade de 3 nós. O homem a quem chamavam de rei assumiu o leme e, movimentando-o para cima e para baixo, sacudiu tanto o *Spray* que pensei que a chalupa nunca mais fosse navegar em linha reta. Os outros remaram vigorosamente. O rei, logo eu ficaria sabendo, era rei apenas por cortesia. Tendo vivido mais tempo do que qualquer outro homem na ilha — trinta anos —, passou a ser tratado como tal. Juan Fernández era administrada, na época, por um governador de origem nobre sueca, segundo me disseram. Também me contaram que a filha desse aristocrata era capaz de montar a cabra mais selvagem da ilha. Na ocasião da minha visita, o governador estava em Valparaíso com a família, para levar as crianças à escola. O rei só estivera fora uma vez, por um ou dois anos, e, no Rio de Janeiro, se casara com uma brasileira, que seguiu a fortuna do marido até a remota ilha. Ele era português, nascido nos Açores. Havia navegado em baleeiras de New Bedford e conduzira o leme de um barco. Tudo isso fiquei sabendo, e mais, antes mesmo de ancorarmos. A brisa do mar, logo se aproximando, enfunou as velas do *Spray*, e o experiente marinheiro português pilotou a chalupa até o cais na baía, onde atracamos, amarrados a uma boia, bem diante do povoado.

---

7. Aqui, a ideia do autor teria sido mostrar como as notícias não dão conta da realidade, porque era óbvio que a ilha não havia afundado, uma vez que eles estavam nela. (N.E.)

CAPÍTULO XI

Com o *Spray* ancorado, os ilhéus voltaram para o café com rosquinhas, e fiquei mais do que lisonjeado por terem aprovado meus bolinhos, ao contrário do que fizera o professor no Estreito de Magalhães. Entre bolinhos e rosquinhas, havia pouca diferença além do nome. Ambos haviam sido fritos na gordura do sebo, o que era o ponto forte dos dois, pois não havia outra gordura na ilha além da gordura de cabra, mas a cabra é um animal magro demais para que sua gordura sirva para frituras. De modo que, com intuito comercial, amarrei logo as adriças à retranca, pronto para descarregar meu sebo, não havendo oficiais de alfândega para dizer "O que é que você está fazendo?". E, antes de o sol se pôr, os ilhéus haviam aprendido a arte de fazer bolinhos e rosquinhas fritos. Não cobrei um preço alto pelo que lhes vendi, mas as moedas antigas e curiosas que recebi em pagamento, algumas oriundas do naufrágio de um galeão na baía, ninguém sabia quando, eu as vendi depois a antiquários por mais do que o valor de face. Assim, obtive um lucro razoável. Trouxe comigo, da ilha, moedas de todas as denominações, e praticamente todas as moedas que havia na ilha, até onde pude averiguar.

Juan Fernández, como porto de escala, é um local adorável. As montanhas são cobertas por densas matas, os vales são férteis e, por meio de diversas ravinas, descem córregos de água pura. Não há serpentes no arquipélago, e nenhum animal selvagem; só vi muitos porcos e cabras e, talvez, um ou dois cachorros. As pessoas viviam sem nenhum tipo de rum e sem cerveja. Não havia nenhum policial ou advogado entre o povo. A economia doméstica da região era a própria simplicidade. As modas de Paris não afetavam seus habitantes; cada um se vestia como bem entendia. Embora não houvesse nenhum médico, o povo era saudável, e as crianças, todas muito bonitas. Havia no total cerca de quarenta e cinco almas por ali. Os adultos eram principalmente oriundos do continente sul-americano. Uma senhorita chilena do local, que fez uma bujarrona para o *Spray*, aceitando o pagamento em sebo, seria considerada uma beldade em Newport. Bendito Arquipélago de Juan Fernández! Não consigo entender por que Alexander Selkirk resolveu sair dessa região.

A CASA DO REI.

Um grande navio havia chegado algum tempo antes; incendiado, encalhara na ponta da baía. Depois que o mar o fez em pedaços contra as pedras e apagou o fogo, os ilhéus recolheram as toras e as utilizaram na construção das casas, que naturalmente apresentavam uma aparência naval. A casa do rei de Juan Fernández, chamado Manuel Carroza, além de lembrar uma arca de Noé, tinha uma aldrava de latão polido em sua única porta, que era pintada de verde. Na frente dessa entrada magnífica havia um mastro de bandeira todo paramentado, e, ao lado, um bote baleeiro muito bonito, pintado de vermelho e azul, um refúgio ameno para a velhice do rei.

É claro que fiz uma peregrinação até o velho mirante no alto da montanha, onde Selkirk passou muitos dias observando o horizonte à procura de um navio que finalmente veio. De uma tabuleta afixada na pedra, copiei estas palavras, escritas em letras maiúsculas:

EM MEMÓRIA

DE

ALEXANDER SELKIRK,

MARINHEIRO

Natural de Largo, no Condado de Fife,[8] na Escócia, viveu nesta ilha na mais completa solidão durante quatro anos e quatro meses. Veio no galeão *Cinque Ports*, 96 toneladas, 18 canhões, no ano de 1704, e partiu no navio pirata *Duke*, em 12 de fevereiro de 1709. Morreu como tenente do navio da marinha britânica *Weymouth*, em 1723,[9] aos 47 anos. Esta tabuleta foi erigida perto do mirante de Selkirk pelo comodoro Powell e todos os oficiais do navio da marinha britânica *Topaze* em 1868.

A caverna onde Selkirk morou enquanto viveu na ilha fica na ponta da baía hoje chamada de Robinson Crusoé. Está localizada depois de um promontório alto, a oeste de onde ancorei e desembarquei. Ali também ancoram barcos, mas o local não oferece bons atracadouros. Ambos os portos são expostos a ventos do norte, que, no entanto, não chegam ali com tanta

---

8. Fife foi um condado até 1975, quando ainda era conhecido por Fifeshire. Depois, transformou-se em uma região subdividida em três distritos — Dunfermline, Kirkcaldy e North-East Fife. A partir de 1996, com a abolição dos distritos e das regiões, Fife tornou-se uma Área de Conselho, uma unidade com poderes próprios similar aos Estados no Brasil. (N.E.)

9. J. Cuthbert Hadden, na *Century Magazine* de julho de 1899, mostra que a tabuleta está errada quanto ao ano da morte de Selkirk. O certo seria 1721. (N.A.)

violência. Com um bom fundo para ancoragem na primeira baía a leste, pode-se considerar uma ancoragem segura, embora a correnteza profunda, às vezes, torne difíceis as manobras.

A CAVERNA DE ROBINSON CRUSOÉ.

Visitei a baía de Robinson Crusoé em um bote e, com alguma dificuldade, atravessando a arrebentação, desembarquei perto da caverna, onde entrei. Encontrei-a seca e inabitável. Trata-se de um belo recanto escondido por montanhas altas, protegido das severas tempestades que varrem a ilha, que não são tão frequentes; pois a ilha fica perto do limite da região dos ventos alísios, na latitude 35°30". Ela tem cerca de 14 milhas de extensão, de leste a oeste, e 8 milhas de largura; a altura é de mais de 3 mil pés. Sua distância do Chile, país à qual pertence, é de cerca de 340 milhas.

Juan Fernández foi outrora uma colônia penal. Diversas cavernas onde os prisioneiros eram mantidos, antros úmidos e insalubres, não estão mais em uso; e não se enviam mais presos à ilha.

O HOMEM QUE CHAMAVA *CABRA* DE *GOAT*.

O dia mais aprazível que passei ali, se não o melhor de toda a viagem, foi meu último dia na praia — mas de modo algum porque era o último —, quando as crianças da pequena comunidade, todas elas, foram comigo colher frutos para a viagem. Encontramos marmelos, pêssegos e figos, e as crianças encheram um cesto de cada. Não é preciso muito para agradar às crianças, e aqueles pequeninos, que nunca tinham ouvido outra língua além do espanhol, fizeram as montanhas ecoarem seus risos diante do som de palavras em inglês. Eles me perguntaram o nome de todas as coisas que havia na ilha. Chegamos a uma figueira carregada, e eu lhes disse o nome de seus frutos em inglês. "*Figgies, figgies!*", eles exclamavam, enquanto os colhiam até encher o cesto. Mas quando eu lhes disse que uma *cabra* que apontavam não passava de uma *goat*, eles gargalharam até berrar e rolaram na grama de tanto rir daquele homem que viera à ilha deles chamar *cabra* de *goat*.

A primeira criança nascida em Juan Fernández, segundo me disseram, havia se tornado uma bela mulher e, agora, era mãe. Manuel Carroza e a boa alma que o acompanhara até ali, vindos do Brasil, haviam enterrado sua única filha aos 7 anos de idade no pequeno cemitério na extremidade da baía. No mesmo meio acre, havia outras sepulturas entre as rochas vulcânicas; algumas eram montes que marcavam o descanso de recém-nascidos, outras, campas do repouso eterno de marujos de passagem que ali desembarcaram para encerrar seus dias de doença e entrar no céu dos marinheiros.

A maior desvantagem da ilha, a meu ver, era a ausência de escola. A turma seria pequena, mas, para uma boa alma, com amor pelo ensino e pelo sossego, a vida em Juan Fernández oferecia, por determinado tempo, um verdadeiro deleite.

Na manhã do dia 5 de maio de 1896, zarpei de Juan Fernández tendo me fartado com várias coisas, nada experimentei, porém, que tivesse sido mais doce do que a aventura de uma visita ao lar e à caverna do próprio Robinson Crusoé. Da ilha, o *Spray* seguiu para o norte, passando a Ilha de San Félix antes de alcançar a zona dos ventos alísios, o que me pareceu custar a acontecer.

Contudo, se os alísios demoraram, foram estrondosos quando vieram e compensaram o tempo perdido; o *Spray*, então, com rizaduras, às vezes uma, às vezes duas, voou com uma rajada pela popa por muitos dias, com um osso na boca, em direção às Marquesas, a oeste, aonde chegamos no quadragésimo terceiro dia. Dali, continuamos em frente. Meu tempo foi todo consumido naqueles dias — não ao leme; ninguém, creio, conseguiria ficar parado, em pé ou sentado, e manobrar um barco ao redor do mundo por todo o tempo da viagem: fiz melhor do que isso, pois me sentei e li meus livros, consertei minhas roupas, preparei minhas refeições e comi sossegadamente.

Eu já havia aprendido que não era bom ficar sozinho, e transformei em meus companheiros tudo o que havia à minha volta, ora o universo, ora meu próprio ser irrelevante; mas meus livros foram sempre meus amigos, ainda que tudo o mais pudesse faltar. Nada poderia ser mais fácil ou mais repousante do que velejar com ventos alísios.

Velejei com bom vento por dias e dias, marcando a posição de meu barco na carta náutica com considerável precisão; fiz isso de forma intuitiva, creio, mais do que inspirado por cálculos escravizantes. Durante um mês inteiro, minha chalupa manteve seu curso correto; e eu não tive, nesse tempo todo, sequer luz na bitácula. Avistei, todas as noites, o Cruzeiro do Sul no meu costado. O sol nascia toda manhã atrás da popa; à noite, se punha além da proa. Não quis que nenhuma outra bússola me guiasse, os astros me deram confiança. Se vinha a duvidar de minha posição depois de muito tempo no mar, eu olhava para o relógio do céu, feito pelo Grande Arquiteto, e reforçava minha certeza.

Não havia como negar o lado cômico daquela vida estranha. Às vezes, eu acordava e via que o sol já estava brilhando em minha cabine. Ouvia água corrente, apenas com uma tábua fina entre mim e as profundezas do mar, e dizia: "Como assim?". Mas estava tudo certo; era meu barco em seu curso, navegando como nenhum outro navegou antes no mundo. O som da água corrente em seus costados me dizia que velejava a toda velocidade. Eu sabia que não havia mão humana no leme; estava certo de que tinha "meus homens" sob controle e que "eles" não se amotinariam.

Os fenômenos da meteorologia oceânica ofereciam oportunidade para estudos interessantes até mesmo ali na zona dos ventos alísios. Observei que, mais ou menos a cada sete dias, o vento refrescava e soprava além da direção usual do polo em vários pontos; isto é, mudava de lés-sudeste para su-sudeste, enquanto, ao mesmo tempo, uma ondulação pesada se erguia a sudoeste. Tudo isso indicava que havia tempestades na zona dos contra-alísios. Ventava assim dia após dia, até que, aos poucos, o vento se moderava e voltava ao ponto normal, lés-sudeste. Essa é a condição mais ou menos constante dos alísios de inverno na latitude 12°S, onde fiquei "correndo pela longitude" durante semanas. O sol, como se sabe, cria os ventos alísios e o sistema dos ventos de todo o planeta, mas, no que diz respeito à meteorologia, a oceânica é, a meu ver, a mais fascinante de todas. De Juan Fernández até as Marquesas, passei por seis grandes mudanças como essas; palpitações dos ventos no mar e do próprio mar decorrentes de tempestades distantes. Conhecer as leis que governam os ventos, e ter a certeza de conhecê-las, trará mais tranquilidade a quem quiser dar a volta ao mundo; ignorá-las fará o viajante estremecer diante de qualquer nuvem. O que vale na zona dos alísios vale ainda mais nas zonas variáveis, onde as mudanças chegam aos extremos.

Cruzar o Oceano Pacífico, mesmo sob as circunstâncias mais favoráveis, nos torna íntimos da natureza por muitos dias, e, assim, nos damos conta da vastidão do mar. Ao mesmo tempo que, lentamente, mas de forma segura, minha chalupa marcava no mapa o avanço na sua rota pelo oceano e o atravessava, marcava com sua quilha, também lentamente, ainda que desenvolvesse sua velocidade máxima, o mar que a conduzia. No quadragésimo terceiro dia desde que zarpei — um longo tempo para se passar no mar sozinho —, com o céu lindamente claro e a Lua "a boa distância" do Sol, posicionei meu sextante para fazer cálculos. Descobri, pelo resultado de três medições e depois de muito pelejar com tabelas lunares, que minha longitude pela observação concordava, dentro de uma margem de cinco milhas, com a medida calculada.

Isso foi magnífico; ambas as leituras, no entanto, podiam estar erradas, mas de algum modo me senti mais confiante de que ambas estivessem quase certas e de que, dentro de mais algumas poucas horas, eu avistaria terra: foi o que aconteceu, pois logo avistei a Ilha de Nukahiva, a mais meridional do Arquipélago das Marquesas, bem distinta e imponente. A longitude depois verificada coincidia com algo entre as outras duas medições anteriores; isso foi extraordinário. Todo navegador conta que, de um dia para o outro, um navio pode perder ou ganhar mais de cinco milhas em seu desempenho, e, mesmo em relação às luas, até os melhores astrônomos estimam medidas dentro de uma média de oito milhas de verdade.

Espero que fique claro que não atribuo à inteligência ou ao cálculo escravizador a precisão da minha navegação. Creio já ter dito que mantive ao menos minha longitude principalmente por intuição. Uma barquilha vinha sempre rebocada à popa, mas a influência das correntes e das derivas era tão grande, o que o registro não mostra, que sua análise resultava apenas em uma aproximação, afinal, a ser corrigida pelo julgamento do navegador a partir de dados de mil viagens; e até mesmo o capitão de um navio, se for prudente, clama por orientação e recorre aos mirantes.

Foi única a minha experiência em astronomia náutica no convés do *Spray* — tanto que se justifica recontá-la brevemente aqui. O primeiro conjunto de observações a que me referi colocava a chalupa muitas centenas de milhas a oeste da posição que eu calculara. Eu sabia que isso não podia estar certo. Dali a cerca de uma hora, fiz outro conjunto de observações com o máximo cuidado; o resultado médio delas foi mais ou menos o mesmo obtido nas primeiras. Perguntei-me como, com minha autoproclamada autossuficiência, eu não conseguira fazer melhor do que isso. Então fui procurar alguma discrepância nas tabelas e encontrei-a. Descobri que a coluna de números onde eu obtivera um importante logaritmo estava errada. Foi uma questão que consegui provar além de qualquer dúvida e que resultara na diferença que relatei. Corrigidas as tabelas, naveguei com confiança inabalável e com meu cronômetro de lata recolhido. O resultado dessas observações naturalmente provocou minha vaidade, pois eu sabia como era difícil ficar no convés de um grande navio, com dois assistentes, e fazer observações lunares próximas da verdade. Como um dos mais humildes navegantes americanos, fiquei orgulhoso da minha pequena realização sozinho na chalupa, ainda que tivesse ocorrido por acaso, como talvez o fora.

Eu estava agora *en rapport* com meus arredores e era carregado por uma vasta torrente, onde senti o empuxo da mão d'Aquele que criou todos os mundos. Eu me dei conta da verdade matemática daqueles movimentos, tão conhecidos que os astrônomos compilam tabelas com suas posições ao longo dos anos, dos dias e dos minutos de cada dia, e fazem isso com tanta precisão que alguém que navegue pelo mar até cinco anos depois pode, com auxílio dessas tabelas, saber a hora legal de qualquer meridiano na Terra.

Descobrir a hora local é uma questão simples. A diferença entre a hora local e a hora legal é a longitude expressa na forma de tempo — quatro minutos, todos sabemos, representando um grau. Esse, em suma, é o princípio pelo qual a longitude é descoberta de forma independente dos cronômetros. O trabalho do lunário, embora raramente praticado nestes dias de cronômetros, é lindamente edificante, e não há nada no domínio da navegação que eleve mais nosso espírito em reverência.

CAPÍTULO XII

Ficar sozinho por quarenta e três dias já pareceria muito tempo, mas, na realidade, até mesmo ali, os momentos passavam voando, e, em vez de parar em Nukahiva, o que eu poderia ter feito ou não, continuei viagem em direção a Samoa, onde eu queria fazer meu próximo desembarque. Isso levou mais vinte e nove dias, completando um total de setenta e dois dias. Não me exacerbei de maneira nenhuma durante esse tempo. Eu nunca ficava sem companhia; os próprios recifes de coral me acompanhavam, ou não me davam tempo de me sentir sozinho, o que é a mesma coisa, e havia muitos deles em meu curso até Samoa.

O primeiro incidente da viagem de Juan Fernández até Samoa (que não foram muitos) foi a escapada por um triz de uma colisão com uma grande baleia que estava revirando o mar distraidamente, à noite, enquanto eu permanecia na cabine. O barulho de seu jorro assustador e a comoção que causou no mar, quando a baleia se virou para desviar de meu barco, levou-me ao convés a tempo de receber um borrifo de água que ela lançou com as nadadeiras. O monstro aparentemente estava assustado e rumava rapidamente para o leste; eu continuava indo para oeste. Logo passou outra baleia, evidentemente um companheiro, seguindo seu rastro. Não vi mais nenhuma baleia nesse trecho da viagem, nem quis.

Encontro com a baleia.

Os tubarões famintos se aproximavam do barco muitas vezes quando eu chegava perto de ilhas ou recifes de coral. Admito ter sentido uma satisfação ao atirar neles como teria feito contra um tigre. Os tubarões, afinal, são os tigres do mar. Nada é mais pavoroso para um marinheiro, creio, do que um possível encontro com um tubarão faminto.

Havia sempre uma quantidade de aves por perto; de tempos em tempos, uma delas pousava no mastro para ver o *Spray* por cima, estranhando, talvez, aquelas asas curiosas, pois a chalupa usava agora sua vela mestra fueguina, que, como a túnica de muitas cores de José, era feita de várias peças. Hoje em dia, os navios são menos comuns nos mares do sul do que o eram antigamente. Não encontrei nenhuma outra embarcação durante os muitos dias de travessia no Pacífico.

Minha dieta nessas longas passagens geralmente consistia em batatas e bacalhau salgado com biscoitos, os quais eu fazia duas ou três vezes por semana. Eu estava sempre bem-abastecido de café, chá, açúcar e farinha. Em geral, levava um bom estoque de batatas, mas, antes de chegar a Samoa, tive um contratempo que me deixou desprovido desse artigo de luxo altamente estimado pelos marinheiros. Depois do encontro, em Juan Fernández, com o luso-americano Manuel Carroza, que quase me deixou sem as botas, fiquei sem batatas no meio do oceano, e isso foi uma tristeza. Eu sempre me orgulhara de ser um bom comerciante; no entanto, esse português dos Açores, com passagem por New Bedford, que me deu batatas novas em troca das velhas que eu recebera do *Colombia*, um barril ou mais das melhores delas, acabou com esse orgulho. Ele queria as minhas batatas, segundo disse, "para trocar de semente". Quando eu estava em alto-mar, descobri que seus tubérculos estavam podres e intragáveis, cobertos de listras amarelas finas de aparência repulsiva. Amarrei o saco e recorri às poucas batatas do meu estoque antigo, pensando que, talvez, quando eu ficasse faminto, as batatas da ilha pudessem me parecer mais saborosas. Três semanas depois, abri novamente o saco, e milhões de insetos saíram voando! As batatas de Manuel haviam se transformado em mariposas. Amarrei rapidamente o saco e joguei tudo no mar.

Manuel dispunha agora de um farto estoque de batatas e, pensando nos baleeiros, que estão sempre ávidos para comprar vegetais, ele avisou que baleias haviam sido avistadas ao largo da Ilha de Juan Fernández, o que eu comprovaria, e eram baleias grandes, aliás, mas estavam muito longe.

De modo geral, como dizem os marinheiros, eu passei bem em termos de provisões, mesmo durante a longa travessia do Pacífico. Sempre mantive pequenos estoques de gêneros considerados luxuosos; o que me faltava em carne fresca eu compensava em peixe fresco, ao menos na zona dos alísios, onde os peixes-voadores que passavam voando à noite se chocavam contra as velas e caíam no convés, por vezes três de uma vez, por vezes uma dúzia deles. A cada manhã, exceto quando havia lua cheia, eu obtinha um amplo fornecimento de peixes que meramente recolhia dos embornais a sotavento. Sobrou carne enlatada.

No dia 16 de julho, com considerável cuidado e alguma habilidade e trabalho árduo, o *Spray* lançou âncora em Apia, no reino de Samoa, por volta do meio-dia. Com meu barco ancorado, estendi um toldo e, em vez de desembarcar logo, fiquei sentado à sombra até anoitecer, escutando deliciado as vozes melodiosas de homens e mulheres samoanos.

Primeira troca de cortesias em Samoa.

Uma canoa, percorrendo o porto com três moças dentro, descansou os remos junto ao costado da chalupa. Uma membra da bela tripulação, fazendo uma saudação ingênua — "*Talofa lee!*" (que quer dizer "Amor para você, chefe!") —, perguntou:

"*Escuna vem Melike?*"

"Amor para você", respondi. "Sim."

"Homem vem sozinho?"

Respondi outra vez: "Sim!".

"Não acredito. Você tinha mais homens, você comeu eles."

Diante dessa brincadeira, as outras deram risada.

"Você vem de longe para quê?", uma delas perguntou.

"Para ouvir moças cantando", eu respondi.

"Oh, *talofa lee!*", elas exclamaram e, então, começaram a cantar. Suas vozes preencheram o ar com uma música que atravessou o alto coqueiral do outro lado do porto e voltou. Pouco depois disso, seis rapazes vieram no barco do cônsul dos Estados Unidos cantando cada um sua melodia e marcando o ritmo com os remos. Em minha conversa com eles, eu me saí melhor do que com as senhoritas na canoa. Eles trouxeram um convite do general Churchill, para jantar no consulado. Havia o toque feminino de uma dama no consulado em Samoa. A senhora Churchill escolhera a tripulação do bote do general e fizera questão de que todos usassem um uniforme impecável e que soubessem cantar a canção dos remadores samoanos, que já na primeira semana ali a senhora Churchill aprendera a cantar com uma moça nativa.

Na manhã seguinte, bem cedo, a senhora Robert Louis Stevenson veio ao *Spray* e me convidou para ir a Vailima no dia seguinte. Fiquei evidentemente entusiasmado quando me vi, depois de muitos dias de aventura, diante dessa mulher brilhante, até pouco tempo companheira do autor que me deliciara durante a viagem. Os olhos bondosos, que me olhavam profundamente, cintilaram quando trocamos histórias de aventura. Fiquei impressionado com algumas de suas experiências e escapadas. Ela me contou que, com o marido, viajara em todo tipo de embarcação precária entre as ilhas do Pacífico, acrescentando reflexivamente: "Tínhamos o gosto parecido!".

Ainda falando sobre viagens, ela me deu quatro belos volumes de diretórios náuticos para o Mediterrâneo, escrevendo na página de rosto do primeiro livro:

> Para o CAPITÃO SLOCUM. Estes volumes foram lidos e relidos muitas vezes por meu marido, e tenho certeza de que ele adoraria saber que foram transmitidos para o tipo de marinheiro de que ele mais gostava.
>
> FANNY V. DE G. STEVENSON

A senhora Stevenson me deu também um excelente mapa de rotas do Oceano Índico. Não foi sem uma sensação de temor reverente que recebi os livros quase tão diretamente das mãos de Tusitala, "que dorme na floresta". *Aolele*, o *Spray* apreciará teu presente.

O enteado do romancista, o senhor Lloyd Osbourne, passeou comigo pela mansão Vailima e sugeriu que eu escrevesse minhas cartas na velha escrivaninha. Pensei que seria presunçoso da minha parte fazer isso; bastou-me estar no local onde o "Escritor de Histórias", segundo o costume samoano, costumava se sentar.

Vailima, o lar de Robert Louis Stevenson.

Seguindo pela rua principal de Apia, um dia, com meus anfitriões, a caminho do *Spray*, a senhora Stevenson a cavalo, eu a pé ao lado dela, e o senhor e a senhora Osbourne acompanhando-nos de bicicleta, ao virar de repente uma esquina, deparamos com uma notável procissão dos nativos, com uma espécie de banda de música primitiva, na nossa frente, enquanto, atrás, vinha um cortejo; se era festivo ou um funeral, não saberíamos dizer. Vários homens fortíssimos carregavam fardos e embrulhos suspensos em varas. Alguns eram evidentemente fardos de tapa branca. Mas não conseguimos adivinhar facilmente qual era a carga de um desses grupos de varas, que eram mais pesadas que as outras. Fiquei curioso para saber se era um porco assado, ou algo de natureza mais asquerosa, e perguntei a respeito. "Não sei", disse a senhora Stevenson, "nem sei se é um casamento ou um funeral. No entanto, seja o que for, capitão, pelo visto, estamos na linha de frente do cortejo".

Como o *Spray* estava atracado no rio, embarcamos na praia em frente, no pequeno dóri de Gloucester partido ao meio que eu havia pintado de um verde bonito. Nosso peso combinado afundou os bordos do dóri quase até o nível da água, e fui obrigado a manobrá-lo com muito cuidado para evitar que o mar o invadisse. A aventura agradou muito à senhora Stevenson, e, enquanto remávamos, ela foi cantarolando "Foram ao mar num bote verde--ervilha...". Lembrei-me de quando me dissera que ela e o marido "tinham o gosto parecido".

Quanto mais para longe do centro da civilização eu navegava, menos eu ouvia acerca do que seria ou não lucrativo. A senhora Stevenson, falando sobre minha viagem, não perguntou nenhuma vez o que eu lucraria com aquilo. Quando cheguei a uma aldeia em Samoa, o chefe não perguntou o preço do gim, ou mesmo "Quanto você vai pagar pelo porco assado?", mas apenas "Dólar, dólar!", ele disse. "Homem branco só pensa em dólar!"

"Não se preocupe com o dólar. A *tapo* preparou *ava*; vamos beber e nos alegrar!" A *tapo* é a virgem anfitriã da aldeia; nesse caso, era Taloa, filha do chefe. "Nosso taro está gostoso; vamos comer. Tem fruto na árvore. Deixa o dia passar; por que lamentar? Ainda virão milhões de dias. A fruta-pão está amarela no sol, e o vestido de Taloa é de árvore de tapa. Nossa casa, que é boa, custou só o trabalho de fazer, e não tem trinco na porta."

Enquanto os dias se passam assim nessas ilhas do sul, nós, no norte, estamos lutando pelas necessidades básicas da existência.

Para se alimentar, aos ilhéus basta esticar o braço e tirar o que a natureza lhes provê; se plantam uma bananeira, sua única preocupação é que não cresçam bananeiras demais. Eles têm grandes motivos para amar sua terra e para temer o jugo do homem branco, pois, uma vez atrelados ao arado, a vida deles não seria mais um poema.

O chefe da aldeia Caini, que era um homem alto e digno, natural de Tonga, só podia ser abordado por intermédio de um intérprete e porta-voz. Foi perfeitamente natural que perguntasse o objetivo de minha visita, e fui sincero quando lhe disse que o motivo de eu ter ancorado em Samoa era ver seus belos homens e as belas mulheres também. Após uma pausa considerável, disse o chefe: "O capitão navegou muito para ver pouco; mas a *tapo* deve sentar-se mais perto do capitão!". Então, Taloa disse "Ieque!" — que era quase como se soubesse dizer "sim" em inglês — e, unindo palavra e ação, ela se aproximou, e todos os homens estavam sentados em círculo sobre esteiras. Fiquei tão impressionado com a eloquência do chefe quanto deliciado com a simplicidade de tudo o que ele disse. Não havia nada de pomposo naquele homem; ele podia ser um grande erudito ou um esta-dista, mas foi o homem menos pretensioso que encontrei nessa viagem. Quanto a Taloa, uma espécie de Rainha de Maio, e as outras *tapos*, bem, é prudente aprender o mais cedo possível os modos e costumes desses povos hospitaleiros e, nesse meio-tempo, não confundir com excesso de fami-liaridade o que é concebido como honra devida a um hóspede. Tive sorte em minhas viagens pelas ilhas, e não vi nada que abalasse a minha fé na virtude nativa.

Para um espírito pouco convencional, a etiqueta meticulosa em Samoa talvez seja um pouco penosa. Por exemplo, descobri que, ao compartilhar *ava*, a tigela coletiva, supostamente eu deveria derramar um pouco de bebida sobre o ombro, ou ao menos fingir fazê-lo, e dizer "Que os deuses bebam!", e só depois dar um gole; e o recipiente, invariavelmente uma casca de coco, ao ser esvaziado, não pode ser passado educadamente, como faríamos, mas deve-se educadamente jogá-lo, rodopiando, sobre as esteiras, para a *tapo*.

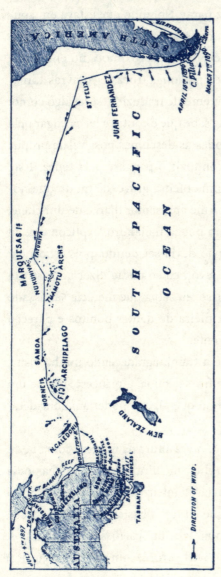

O trajeto do Spray do Estreito de Magalhães até o Estreito de Torres.

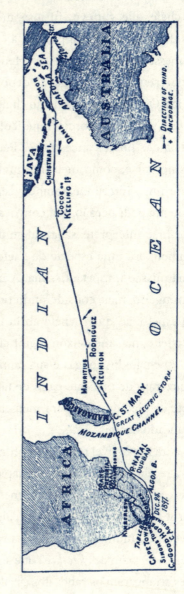

O trajeto do Spray da Austrália até a África do Sul.

Meu erro mais grave, enquanto estive nas ilhas, foi por causa de um pangaré que, inspirado por um bom trecho de estradas boas, resolveu atravessar trotando uma aldeia. Fui imediatamente interrompido pelo ajudante do chefe, que, com voz furiosa, me fez parar. Notando que estava em apuros, fiz sinais pedindo perdão, a coisa mais segura a se fazer, embora não soubesse a ofensa cometida. Meu intérprete se aproximou, no entanto, e esclareceu a situação, mas só depois de uma longa troca de palavras adulatórias. O grito do ajudante do chefe, livremente traduzido, seria algo como: "*Ahoy*, você nesse corcel frenético! Não sabe que é contra a lei cavalgar pela aldeia dos nossos ancestrais?". Pedi todas as desculpas possíveis e propus desmontar e, como meu intérprete, conduzir o pangaré pela rédea. Isso, disse-me o intérprete, também seria uma ofensa grave, de modo que novamente pedi perdão. Fui convocado a me apresentar diante de um chefe; mas meu intérprete, sagaz, além de um pouco malandro, explicou que eu também era uma espécie de chefe e não devia ser detido, pois estava em uma missão importantíssima. A meu favor, eu só podia dizer que era um estrangeiro, mas, considerando tudo isso, eu sabia que merecia ser assado no espeto, ao que o chefe abriu uma fileira de dentes bonitos e pareceu satisfeito, mas me deixou seguir em frente.

O chefe dos tongas e sua família em Caini, agradecendo minha visita, trouxeram de presente pano de tapa e frutas. Taloa, a princesa, trouxe um pote de óleo de coco para meu cabelo, o que alguns poderiam considerar avançado demais.

Era impossível receber, a bordo do *Spray*, à altura da nobreza com que eu fora recebido pelo chefe. O cardápio do chefe incluíra tudo o que a ilha podia oferecer, frutas, aves, peixes, carnes; um javali inteiro havia sido assado. Servi carne de porco cozida com sal, algo que eu tinha bastante, e, ao anoitecer, levei todo mundo a uma nova atração na vila, um carrossel de cavalinhos, que chamavam de "*kee-kee*", que significava teatro; e, com espírito de justiça, eles arrancaram os rabos dos cavalos, pois os donos da atração, dois avarentos compatriotas meus, lamento dizê-lo, sem qualquer cerimônia, os haviam expulsado do brinquedo praticamente na primeira volta. Não fiquei nada orgulhoso dos meus amigos de Tonga; o chefe, o mais venerável de todos, portava uma clava imponente. Quanto ao teatro, devido à ganância dos proprietários, estava se tornando impopular, e os representantes das três grandes potências, na falta de leis que pudessem aplicar, adotaram uma vigorosa política externa, taxando em 25% o preço do ingresso. Essa foi considerada uma grande reforma legislativa!

Era costume dos nativos que visitavam o *Spray* se aproximar pela amurada, onde alcançavam o aparelho de proa e subiam a bordo com facilidade, e voltar mergulhando da proa e ir nadando até a praia; nada podia ser mais deliciosamente simples. Os nativos mais pudicos usavam trajes de banho de *lava-lava*, um tecido nativo feito da casca da amoreira, e não causavam nenhum problema ao *Spray*. No eterno verão de Samoa, essas idas e vindas eram uma cena cotidiana feliz.

Um dia, as professoras de Papauta College, senhorita Schultze e senhorita Moore, vieram a bordo com suas 97 jovens alunas. Todas elas se vestiam de branco, e cada uma usava uma rosa vermelha, e vieram em botes ou canoas, em trajes de inverno. Seria difícil encontrar um grupo mais alegre de garotas. Assim que elas subiram a bordo, a pedido de uma das professoras, elas cantaram "The Watch on the Rhine", que eu nunca tinha ouvido antes. "E agora", elas disseram, "vamos levantar âncora e zarpar". Mas eu não tinha intenção de zarpar de Samoa tão cedo. Ao deixarem o *Spray*, essas moças talentosas pegaram cada uma um ramo de coqueiro ou um remo, qualquer coisa que servisse ao propósito, e literalmente remaram em suas próprias canoas. Elas poderiam ter ido nadando, e tranquilamente o teriam feito, arrisco-me a dizer, não fossem os vestidos de musselina que usavam naquela ocasião especial.

Não era incomum em Apia ver uma moça nadando ao lado de uma pequena canoa com um passageiro para o *Spray*. O senhor Trood, um velho ex-aluno de Eton, veio me ver e exclamou: "Alguma vez um rei foi rebocado dessa forma?". Então, aliando gesto e sentimento, ele deu à senhorita moedas de prata, fazendo com que os nativos que assistiam da praia gritassem de inveja. Minha própria canoa, uma pequena, escavada em um tronco único, um dia, virando comigo dentro, foi abordada por um grupo de belas banhistas, e, quando eu estava quase sem fôlego, foi rebocada para perto do *Spray* comigo sentado, pensando no que elas fariam em seguida. Mas, nesse caso, elas eram seis, três de cada lado, e nada pude fazer para impedi-las. Uma dessas ninfas, lembro-me bem, era uma mocinha inglesa, que se divertiu mais do que as outras.

CAPÍTULO XIII

Em Apia, tive o prazer de encontrar o senhor A. Young, pai da falecida rainha Margaret, que foi rainha de Manua de 1891 a 1895. O avô da rainha foi um marinheiro inglês que se casara com uma princesa. O senhor Young é hoje o único sobrevivente da família, pois dois de seus filhos, os últimos de todos, haviam desaparecido a bordo de um navio mercante que passara pelas ilhas alguns meses antes e nunca mais voltaram. O senhor Young era um cavalheiro cristão, e sua filha Margaret era dotada dos traços graciosos de uma dama. Foi doloroso quando li no jornal um relato sensacionalista sobre sua vida e sua morte, extraído evidentemente de outro jornal ligado a uma sociedade benemérita, que apresentava fatos sem fundamento. E as manchetes, que diziam "Morreu a rainha Margaret de Manua", dificilmente poderiam ser chamadas de novidades em 1898, pois a rainha havia morrido três anos antes.

Enquanto convivi, na prática, com a realeza, visitei o próprio rei, o hoje falecido Malietoa. O rei Malietoa era um grande soberano; recebia pelo menos 45 dólares por mês pelo serviço, como ele mesmo me disse, e essa quantia havia recentemente sido aumentada, de modo que ele podia comer gordura e não ser mais chamado de "Malietoa Lata de Salmão" pelos deselegantes andarilhos da ilha.

Quando meu intérprete e eu entramos pela porta da frente do palácio, o irmão do rei, que era vice-rei, esgueirou-se pelas touceiras de taro dos fundos e ficou encolhido perto da porta enquanto eu contava minha história ao rei. O senhor W., de Nova York, um cavalheiro interessado em obras missionárias, havia me encarregado, quando de lá zarpei, a transmitir sua saudação ao rei das Ilhas Canibais, referindo-se evidentemente a outras ilhas; mas o bom rei Malietoa, não obstante o fato de seu povo não devorar um missionário havia cem anos, recebeu pessoalmente a mensagem e pareceu muito satisfeito ao receber o recado da parte dos editores do *Missionary Review* e pediu que eu retribuísse seus cumprimentos. Sua Majestade, então, pediu licença, enquanto eu conversava com sua filha, a bela Faamu-Sami (nome que significa "Fazer o mar arder"), e logo retornou trajando o uniforme completo do comandante em chefe alemão, do próprio imperador Wilhelm; ora, por desconhecimento, eu não havia enviado antecipadamente minhas credenciais para que o rei me recebesse com a devida pompa. Visitando o palácio alguns dias depois, para me despedir de Faamu-Sami, vi o rei Malietoa pela última vez.

Da paisagem da aprazível cidade de Apia, minha memória conserva, a princípio, a escolinha atrás da London Missionary Society, com seu café e suas salas de leitura, onde a senhora Bell ensinava inglês para cerca de cem crianças nativas, meninos e meninas. Crianças brilhantes como essas não se encontram em nenhum outro lugar.

"Agora, crianças", disse a senhora Bell, quando visitei a escola uma dia, "vamos mostrar ao capitão o que sabemos sobre o Cabo Horn, que ele cruzou a bordo do *Spray*", ao que um rapaz de 9 ou 10 anos deu um passo à frente e leu a bela descrição de Basil Hall do grande Cabo, e a leu muito bem. Depois, ele copiou o ensaio para mim com boa caligrafia.

Na despedida de meus amigos em Vailima, encontrei a senhora Stevenson de chapéu-panamá e passeei com ela pela propriedade. Havia homens trabalhando, limpando a terra, e ela pediu para um deles que cortasse alguns bambus para o *Spray* de um bambuzal que ela havia plantado quatro anos antes, e que havia crescido à altura de mais de dezoito metros. Usei os bambus para fazer vergas sobressalentes, e a base de um deles foi muito útil como retranca da bujarrona na viagem de volta para casa. Só me faltava beber *ava* com a família e me preparar para zarpar. Essa cerimônia, importante entre samoanos, foi conduzida à maneira dos nativos. Um búzio foi soprado para nos avisar que a bebida estava pronta e, em resposta, todos batemos palmas. Sendo o evento em homenagem ao *Spray*, fui o primeiro, segundo o costume da região, a derramar um pouco por sobre o ombro; mas, tendo me esquecido como se dizia em samoano "que os deuses bebam", repeti o equivalente em russo e no jargão *chinook*, tal como eu me lembrava de uma palavra em cada língua, ao que o senhor Osbourne me declarou um samoano perfeito. Então, eu disse aos meus bons amigos de Samoa: "*Tofah!*". E, enquanto eu e o *Spray* deixávamos o porto, em 20 de agosto de 1896, todos nos desejavam *bon voyage*, e, assim, continuamos em nosso curso. Uma sensação de solidão se apoderou de mim quando as ilhas ficaram para trás e, como remédio para isso, icei todas as velas em direção à adorável Austrália, terra que eu não desconhecia; mas, por muito tempo ainda, vi, nos meus sonhos, Vailima diante da proa.

O *Spray* mal havia deixado as ilhas para trás quando uma súbita rajada de alísios levou a chalupa para perto dos recifes, e ela percorreu 184 milhas no primeiro dia, das quais contei 40 milhas com a correnteza a favor. Encontrando mar bravio, deixei a chalupa correr a todo pano ao norte das Horn Islands, também ao norte de Fiji, em vez de ao sul, como era minha intenção, e fui me aproximando da costa oeste do arquipélago. Dali, naveguei diretamente para New South Wales, passando ao sul de Nouvelle-Calédonie, e cheguei a Newcastle depois de atravessar quarenta e dois dias, a maioria deles entre tempestades e vendavais.

Uma tempestade particularmente severa enfrentada perto de Nouvelle-Calédonie afundou o clíper norte-americano *Patrician*, mais ao sul. Mais uma vez, próximo à costa da Austrália. No entanto, não me dei conta de que estava em meio a uma rajada extraordinária, um vapor do correio francês indo de Nouvelle-Calédonie para Sydney, que fora consideravelmente desviado de seu curso, e que, ao chegar ao porto, relatou uma tempestade pavorosa. Para os amigos que o questionaram, disseram: "Oh, céus! Não sabemos o que aconteceu com aquela pequena chalupa, o *Spray*. Nós a avistamos no coração da tempestade!". O *Spray* estava bem, à vontade como um pato. A chalupa seguiu com a vela mestra a barlavento e a bujarrona a sotavento, e o convés continuou seco, enquanto os passageiros do vapor, mais tarde fiquei sabendo, tinham água até os joelhos no salão. Quando o vapor chegou a Sydney, deram ao capitão um saco de ouro por sua habilidade náutica ao levar o navio em segurança ao porto. O capitão do *Spray* não recebeu nada parecido. Nessa tempestade, ancorei perto de Seal Rocks, onde o vapor *Catherton*, com muitas almas a bordo, naufragara algum tempo antes. Eu estava a muitas horas dos rochedos, chacoalhando, mas acabei conseguindo ultrapassá-los.

Cheguei a Newcastle enfrentando uma fortíssima rajada contrária. Era época de tempestades. O piloto do governo, o capitão Cumming, veio ao meu encontro na barra do porto e, com auxílio de um vapor, rebocou meu barco até um ancoradouro seguro. Muitos visitantes vieram a bordo, sendo o primeiro deles o cônsul dos Estados Unidos, o senhor Brown. Ali, a hospitalidade demonstrada ao *Spray* foi imensa. Foram abonadas todas as tarifas governamentais e, depois que descansei alguns dias, um piloto do porto com um rebocador levou a chalupa de volta ao mar, e seguimos costeando até o porto de Sydney, onde chegamos no dia seguinte, 10 de outubro de 1896.

Cheguei a uma enseada aprazível perto de Manly, onde passei a noite; a guarda costeira do porto de Sydney me rebocou até o ancoradouro, enquanto recolhia dados de um velho caderno meu, em que aparentemente havia interesse. Nada escapa à vigilância da polícia de New South Wales; a reputação dessa polícia é conhecida no mundo inteiro. Ela apostou com astúcia que eu poderia lhe dar alguma informação útil e foi a primeira a me receber. Houve quem dissesse que eles me prenderiam, e... bem, sem comentários.

O verão se aproximava, e o porto de Sydney estava repleto de iates. Alguns deles se aproximaram do desgastado *Spray* e nos rodearam em Shelcote, onde ficamos atracados por alguns dias. Em Sydney, novamente encontrei amigos. O *Spray* ficou em diversos balneários daquele grande porto, por várias semanas, e foi visitado por muitas pessoas simpáticas, frequentemente oficiais do *HMS Orlando* e seus amigos. O capitão Fisher, o comandante, com um grupo de moças da cidade e cavalheiros de seu navio, veio um dia me visitar em meio a um dilúvio. Nunca vi chover tanto, nem mesmo na Austrália. Mas eles estavam dispostos a se divertir, e o temporal pesado não diminuiu essa disposição. No entanto, quis o azar que um jovem cavalheiro de outro grupo a bordo — trajando o uniforme completo de um importante clube de iatismo, repleto de botões de latão, suficientes para afogá-lo —, saindo com pressa da chuva, tropeçasse e caísse de cabeça em um barril de água que eu estava reforçando; sendo ele um homem pequeno, ali mesmo no barril sumiu, e por pouco não se afogou antes de ser resgatado. Foi quase uma fatalidade; até onde eu sei, o mais próximo de uma fatalidade a que o *Spray* chegou em toda a viagem. O rapaz viera a bordo para trazer cumprimentos do clube, o que tornou o infortúnio ainda mais constrangedor. A agremiação havia decidido que o *Spray* não poderia ser reconhecido oficialmente porque eu não havia trazido comigo cartas de clubes de iatismo americanos; então, o fato de eu ter pescado um de seus membros de um tonel deixou a coisa toda muito mais estranha, e isso ocorreu justamente num momento em que eu nem estava tentando pescar iatistas.

O ACIDENTE EM SYDNEY.

Uma típica embarcação de Sydney é a prática chalupa com retranca grande e enorme capacidade de vela; mas ela emborca com facilidade, pois costuma usar as velas como os barcos *vikings*. Em Sydney, vi todos os tipos de barcos, de uma lancha a vapor pequena e cúteres a vela até as menores chalupas e canoas passeando à vontade pela baía. Todo mundo tinha um barco. Se um menino australiano não tem recursos para comprar um, ele constrói seu barco e, geralmente, não precisa se envergonhar dele. O *Spray* despiu sua túnica de José, a vela mestra fueguina, em Sydney e, em seu novo traje, belo presente do comodoro Foy, foi o porta-estandarte da esquadra de Johnstone's Bay quando os circum-navegadores do porto de Sydney fizeram sua regata anual. Eles "reconheceram" o *Spray* como pertencente "a um clube *sui generis*", e com mais sentimento australiano do que pelo rigor que creditaram aos meus registros.

O tempo passou depressa nesses dias na Austrália, e era 6 de dezembro de 1896 quando o *Spray* zarpou de Sydney. Minha intenção era agora contornar o Cabo Leeuwin e rumar diretamente para as Ilhas Maurício, a caminho de casa, e assim costeei o Estreito de Bass nessa direção.

Houve poucos acontecimentos a relatar nessa parte da viagem, exceto por mudanças de ventos, "rajadas" e mares bravios. O dia 12 de dezembro, no entanto, foi um dia excepcional, com bom vento da costa, de nordeste. O *Spray*, no início da manhã, passou por Twofold Bay e, mais tarde, pelo Cabo Bundooro, com mar liso e perto da costa. O farol do Cabo hasteou uma bandeira em resposta à bandeira do *Spray*, e as crianças nas sacadas de uma casa perto da praia acenaram com seus lenços quando passei. Havia pouca gente na praia, mas foi uma imagem feliz. Avistei guirlandas de sempre-vivas que me lembraram do Natal. Saudei os presentes, desejando-lhes "Feliz Natal!", e consegui ouvi-los dizer "Para você também!".

Do Cabo Bundooro, passei por Cliff Island, no Estreito de Bass, e troquei sinais com os faroleiros ao mesmo tempo que o *Spray* se empenhava em passar a sotavento da ilha. O vento uivou naquele dia, enquanto a chalupa passava por aquele litoral rochoso.

Alguns dias mais tarde, a 17 de dezembro, o *Spray* aproximou-se da Península de Wilson, novamente em busca de abrigo. O faroleiro daquela estação, o senhor J. Clark, veio a bordo e me deu orientações para se chegar a Waterloo Bay — cerca de três milhas a sotavento —, que tratei logo de seguir, encontrando boa ancoragem em uma enseada arenosa protegida de todos os ventos de oeste e de norte.

Capitão Slocum retirando o *Spray* do Rio Yarrow,
em uma parte do porto de Melbourne.

Ancorado ali estava o *ketch Secret*, um veleiro pesqueiro, e o *Mary*, de Sydney, uma barca a vapor própria para caçar baleia. O capitão do *Mary* era um gênio, um gênio australiano, a bem dizer, e perspicaz. Sua tripulação, vinda de uma serraria mais adiante na costa, nunca tinha visto uma baleia viva antes de embarcar; mas eram remadores com verdadeiro espírito australiano, e o capitão lhes dissera que matar uma baleia era como matar um coelho. Eles acreditaram na palavra do capitão, e isso resolveu o assunto. Mas quis o destino que a primeira baleia que avistaram em sua rota, embora fosse uma feiosa baleia corcunda, já estivesse praticamente morrendo, e o capitão Young, senhor do *Mary*, matou o monstro com um único arremesso de arpão. A baleia foi rebocada até Sydney, onde a expuseram. Nada além de baleias interessava aos tripulantes do galante *Mary*, e eles passaram a maior parte do tempo ali obtendo combustível ao longo da costa para uma expedição aos mares ao largo da Tasmânia. Sempre que a palavra "baleia" era mencionada ao alcance dos ouvidos desses homens, seus olhos cintilavam de excitação.

Passamos três dias nessa enseada amena, escutando o vento lá fora. Enquanto isso, o capitão Young e eu exploramos a costa, avistamos fossos de minas abandonadas e prospectamos ouro.

Nossos barcos, separando-se na manhã em que eles zarparam, seguiram, como aves marinhas, cada um o seu curso. O vento ficou moderado por alguns dias, e, com nossa sorte excepcional para bom tempo, o *Spray* alcançou Melbourne Heads em 22 de dezembro; foi rebocado ao porto pelo vapor *Racer*.

O dia de Natal foi passado em um ancoradouro no rio Yarrow, mas logo me mudei para Saint Kilda, onde fiquei quase um mês.

O *Spray* não precisara pagar tarifas portuárias na Austrália, nem em nenhum outro porto na viagem, exceto em Pernambuco [no Brasil], até meter o nariz na alfândega de Melbourne, onde me cobraram pela tonelagem; no caso, seis pence por tonelada bruta. O fiscal cobrou seis xelins e seis pence, sem considerar a fração abaixo das 13 toneladas, pois o peso exato da chalupa era 12,7 toneladas. Resolvi a questão cobrando seis pence das pessoas que vinham a bordo; quando isso ficou tedioso, capturei um tubarão e passei a cobrar seis pence de quem quisesse vê-lo. Era uma fêmea de tubarão de aproximadamente três metros e meio de comprimento, prenhe de vinte e seis tubarõezinhos, nenhum com menos de sessenta centímetros de comprimento. Cortei seu ventre com uma faca, em uma canoa, cheia de água, que era trocada constantemente, e os filhotes se conservaram vivos por um dia inteiro. Menos de uma hora depois de expor o animal no convés, obtive mais do que a tonelagem devida pelo *Spray*. Então, contratei um bom irlandês, chamado Tom Howard — que sabia tudo sobre tubarões, tanto em terra quando no mar, e podia falar sobre eles — para me ajudar a responder perguntas e a fazer palestras. Quando percebi que eu não daria conta das respostas, passei a responsabilidade para ele.

Voltando do banco, onde fui depositar dinheiro no início do dia, encontrei Howard, no meio de uma multidão entusiasmada, falando sobre hábitos imaginários do tubarão. Que belo espetáculo! As pessoas quiseram ver o tubarão, o que era meu desejo, mas, em virtude do excesso de entusiasmo do palestrante, fui obrigado a fazê-lo parar. O rendimento do espetáculo e os lucros obtidos com o sebo recolhido no Estreito de Magalhães, cujo último lote eu havia vendido a um alemão fabricante de sabão em Samoa, deram-me amplos fundos.

UM TUBARÃO NO CONVÉS DO *SPRAY*.

O dia 24 de janeiro de 1897 encontrou o *Spray* novamente sendo rebocado pelo *Racer*, deixando Hobson's Bay após uma aprazível temporada em Melbourne e Saint Kilda, que acabou sendo prolongada por uma sucessão de ventos de sudoeste que parecia não ter mais fim.

Nos meses de verão, isto é, dezembro, janeiro e fevereiro, e, às vezes, em março, os ventos de leste são predominantes ao longo do Estreito de Bass e em torno do Cabo Leeuwin; mas, graças a uma vasta quantidade de gelo à deriva vinda da Antártica, tudo isso havia mudado agora, e sido enfatizado por um excesso de tempo ruim, tanto que considerei impraticável seguir em frente em meu curso. Portanto, em vez de lutar para contornar o frio e tempestuoso Cabo Leeuwin, resolvi passar algum tempo, mais ameno e lucrativo, na Tasmânia, esperando por ventos mais favoráveis que me levassem pelo Estreito de Torres e através da Grande Barreira de Coral, rota pela qual, por fim, me decidi. Navegar por esse curso seria aproveitar os anticiclones, que nunca falham e, além do mais, seria uma oportunidade de pôr os pés no litoral da Tasmânia, diante do qual eu havia passado anos antes.

Em Saint Kilda, retraçando o mapa com o curso do *Spray* até Boston.

Devo dizer que, enquanto estive em Melbourne, ali ocorreu uma dessas tempestades extraordinárias por vezes chamadas de "chuva de sangue", a primeira em muitos anos na região da Austrália. O aspecto "sangrento" se devia a uma poeira fina cor de tijolo, flutuando no ar, vinda dos desertos. Uma tempestade que se formou fez com que essa poeira desabasse na forma de lama, em tal quantidade que recolhi um balde cheio dos toldos da chalupa, que estavam abertos na ocasião. Quando o vento ficou forte, fui obrigado a enrolar os toldos, e as velas, desprotegidas nas retrancas, ficaram manchadas de lama de cima a baixo.

O fenômeno das tempestades de areia, bem conhecido dos cientistas, não é raro na costa da África. Alcançando uma certa distância no mar aberto, com frequência essas tempestades cobrem o rastro dos navios, como no caso daquela pela qual o *Spray* havia passado no início da viagem. Os marinheiros já não as veem com medo supersticioso, mas nossos crédulos irmãos em terra gritam "chuva de sangue!" ao primeiro impacto daquela lama medonha.

A arrebentação ao largo da Baía de Porto Phillip, um lugar selvagem, estava forte quando o *Spray* entrou em Hobson's Bay, vindo do mar, e se manifestava ainda com mais força quando a chalupa saiu. Mas, com espaço e vento a favor, chegamos a bom tempo imediatamente depois de ultrapassar esse ponto. Era um trecho de poucas horas até a Tasmânia atravessando o Estreito, com bom e forte vento. Levei o tubarão de Saint Kilda comigo, empalhado com feno, e deixei-o com o professor Porter, curador do Victoria Museum de Launceston, que fica na extremidade de Tamar. Por muitos dias no futuro se poderia ver ali o tubarão de Saint Kilda. Mas o povo bom, porém iludido, de Saint Kilda, quando os jornais ilustrados com imagens do meu tubarão chegaram a suas mãos, acorreram às bancas e jogaram no fogo todos os exemplares; Saint Kilda era um balneário, não puderam suportar a ideia de um tubarão *ali*! Mas o espetáculo continuou.

O *Spray* foi atracado na praia, em um pequeno cais em Launceston, durante uma maré alta incomum, trazida pela tempestade que nos conduzira rio acima. Quando a maré baixou, a chalupa permaneceu ali, firme e atracada, em água insuficiente para se molhar o pé; um dia, por fim, ficou pronta para zarpar, mas foi preciso cavar a terra embaixo da quilha para fazê-la flutuar.

Nesse lugar aprazível, deixei o barco aos cuidados de três crianças, enquanto explorei as colinas e descansei meus ossos, preparando-me para o restante da viagem, sobre as pedras cobertas de musgo do desfiladeiro vizinho e entre as samambaias que encontrei por toda parte. Meu barco foi bem cuidado. Toda vez que eu voltava, encontrava o convés lavado e uma das crianças, uma garotinha, filha do meu vizinho mais próximo, sobre a prancha, recebendo os visitantes, enquanto as outras, um irmão e uma irmã, vendiam curiosidades marinhas, como as que havia no compartimento de carga, "na conta da chalupa". Essas crianças constituíam uma tripulação alegre e animada, e as pessoas vinham de longe para ouvi-las falar sobre a história da minha viagem e os monstros das profundezas "que o capitão havia matado". Bastava que eu me mantivesse ausente para ser um herói de primeira; e essa condição me caiu muito bem, pois pude acampar nas florestas e à margem dos riachos.

CAPÍTULO XIV

No dia 1º de fevereiro de 1897, voltando para o barco, encontrei à minha espera uma carta de solidariedade, que transcrevo:

> Uma senhora envia ao senhor Slocum uma cédula de cinco libras anexa em sinal de admiração por sua bravura ao atravessar mares tão vastos em barco tão pequeno, e solitário, sem a solidariedade humana para ajudar nas ameaças do perigo. Todo sucesso ao senhor.

Até hoje não sei quem a escreveu ou a quem devo pelo generoso presente que continha. Não pude recusar uma doação tão gentil, mas prometi passá-la adiante na primeira oportunidade, e isso fiz antes de deixar a Austrália.

Estando ainda muito distante a temporada de bom tempo em torno do norte da Austrália, naveguei para outros portos na Tasmânia, onde o tempo é bom o ano inteiro, sendo o primeiro desses portos Beauty Point, perto do qual ficam Beaconsfield e a grande mina de ouro da Tasmânia, que visitei oportunamente. Vi ali muitas pedras cinzentas, desinteressantes, sendo içadas para fora da mina e centenas de pilões esmagando-as até que virassem pó. As pessoas me disseram que havia ouro ali, e eu acreditei no que disseram.

Lembro-me de Beauty Point por sua floresta sombria e pela estrada entre altos eucaliptos. Enquanto estive por ali, o governador de New South Wales, *lord* Hampden, e sua família vieram até mim em um iate a vapor, que estava a passeio. O *Spray*, ancorado perto do cais, hasteou sua bandeira; as Estrelas e as Listras, certamente, nunca tinham sido vistas naquelas águas em embarcação tão insignificante. No entanto, o grupo do governador parecia saber por que eu viera, e tudo sobre o *Spray*, e quando ouvi sua excelência dizer "Apresente-me ao capitão!" (ou "Apresente o capitão a mim!", seja o que for), encontrei-me imediatamente na presença de um cavalheiro e um amigo, que estavam muito curiosos a respeito da minha viagem. Se alguém do grupo estava mais interessado do que o governador era a honorável Margaret, sua filha. Na partida, *lord* e *lady* Hampden marcaram um encontro comigo, a bordo do *Spray*, na Exposição de Paris, que seria em 1900. "Se sobrevivermos…", eles disseram, ao que eu completei: "… aos perigos do mar!".

De Beauty Point, o *Spray* visitou Georgetown, perto da boca do Rio Tamar. Essa pequena aldeia, creio, marca o local onde as primeiras pegadas foram feitas pelos brancos na Tasmânia, embora nunca tenha crescido além do vilarejo.

Considerando que eu já conhecera outras partes do mundo, encontrando ali pessoas interessadas em aventuras, falei sobre o assunto diante de minha primeira plateia, em um pequeno salão junto a uma estrada do interior. Um piano foi trazido de um vizinho, e fui ajudado pelas fortes marteladas e pela canção militar *Tommy Atkins*, entoada por um ator ambulante. As pessoas vinham de muito longe, e a bilheteria total da casa somou cerca de três libras esterlinas. A dona do salão, bondosa dama escocesa, não me cobrou aluguel, de modo que minha palestra desde o início foi bem-sucedida.

Deste recanto acolhedor, zarpei para Devonport, próspera localidade junto ao Rio Mersey, poucas horas de viagem para oeste pela costa, e que rapidamente vem se tornando o porto mais importante da Tasmânia. Grandes vapores hoje entram ali e levam grandes cargas de produtos agrícolas, mas o *Spray* foi o primeiro a trazer as Estrelas e as Listras ao porto, disse-me o capitão do porto, capitão Murray, e isso foi escrito nos registros portuários. Com grande distinção, o *Spray* desfrutou de muitas cortesias enquanto esteve confortavelmente ancorado e coberto de proa a popa com uma lona oferecida pelo porto.

O *Spray* coberto com sua lona em Devonport,
na Tasmânia, em 22 de fevereiro de 1897.

Da casa do magistrado, chamada Malunnah, na ponta da praia, a chalupa foi saudada pela bandeira britânica na chegada e na partida, e a querida senhora Aikenhead, senhora de Malunnah, forneceu ao *Spray* compotas e geleias de todos os tipos, preparadas com frutas de seu próprio pomar luxuriante — o suficiente para o restante da viagem e com sobras. A senhora Wood, mais adiante no porto, deu-me garrafas de vinho de framboesa. Nesse ponto, mais do que nunca antes, eu estava na terra dos bons ânimos. A senhora Powell enviou-me a bordo um *chutney* preparado "como fazemos na Índia". Peixe e caça ali eram abundantes, e a voz do peru se fazia ouvir; de Pardo, mais adiante, no interior, chegou um enorme queijo. No entanto, as pessoas ainda indagavam: "Você vive do quê? O que você come?".

Fiquei espantado com a beleza da paisagem ao redor, com as samambaias nativas na época já desaparecendo[10] e os domos fechados de altas árvores nas florestas das encostas, e tive a sorte de presenciar os esforços de um cavalheiro para preservar, em forma de arte, as belezas de sua terra. Ele me presenteou com muitas reproduções de sua coleção de quadros, além de muitos originais, para mostrar aos meus amigos.

Da parte de outro cavalheiro, fui incumbido de contar as glórias da Tasmânia em toda parte e em qualquer ocasião. Esse senhor era o doutor McCall, que me deu sugestões úteis sobre como falar em público. Não foi sem contratempos, contudo, que concordei com esse novo curso, e devo dizer que é apenas graças à generosidade de plateias simpáticas que minha barca oratória manteve o prumo de sua quilha. Pouco depois da minha primeira palestra, o bom doutor veio até mim com palavras de aprovação. Como em muitas das minhas outras empreitadas, lancei-me de uma vez e sem hesitação. "Meu caro", disse ele, "um grande nervosismo é apenas sinal de um grande cérebro, e, quanto mais cérebro, mais um homem demora para superar a aflição, mas…", ele agregou reflexivamente, "você há de superar isso!". No entanto, da minha parte, creio ser justo dizer que ainda não estou curado.

O *Spray* foi transferido pela linha férrea do cais em Devonport e examinado cuidadosamente de cima a baixo, mas se descobriu que estava absolutamente livre dos destrutivos teredos e inteiriço em todos os aspectos. Para proteger a chalupa contra o ataque desses moluscos, o casco foi novamente pintado com tinta de cobre, pois navegaria através do Mar de Coral e do Mar de Arafura antes de conseguir aportar para reparos outra vez. Tudo

---

10. Alusão à moda vitoriana das samambaias, "*fern craze*" ou pterodomania. (N.T.)

foi feito para tornar a chalupa apta a todos os perigos conhecidos. Mas não foi sem pesar que se aproximou o dia de zarpar de uma região com tantas associações aprazíveis. Se houve um momento em que eu poderia desistir da viagem, foi ali e naquele instante; mas, não havendo vagas disponíveis para um posto melhor, levantei âncora em 16 de abril de 1897 e mais uma vez me lancei ao mar.

A estação do estio havia passado então; o inverno vinha subindo do sul, com bons ventos para o norte. Um prenúncio de vento invernal enviou o *Spray* a todo pano ao redor do Cabo Howe e até o Cabo Bundooro, mais adiante, que ultrapassamos no dia seguinte, retomando o curso rumo ao norte. Foi um bom desempenho, um bom presságio da longa viagem de volta desde os antípodas. Meus velhos amigos natalinos em Bundooro pareciam animados e alertas quando passei pela segunda vez por seu Cabo, e trocamos sinais novamente enquanto a chalupa navegava, como antes, em mar liso e perto da costa.

O tempo estava bom, com céu claro pelo resto da travessia até Port Jackson (Sydney), onde o *Spray* chegou no dia 22 de abril de 1897 e ancorou em Watson's Bay, perto do promontório, a oito braças de profundidade. O porto, do promontório até Parramatta, rio acima, estava mais do que nunca repleto de barcos e iates de todos os tipos. Era, de fato, um cenário animado, difícil de ser igualado por qualquer outra parte do mundo.

Alguns dias mais tarde, a baía foi tomada por ondas tempestuosas, e apenas os barcos mais robustos içaram velas. Nessa altura, eu estava em um hotel das redondezas, cuidando de uma neuralgia adquirida na orla, e só naquele momento vislumbrei a popa de um vapor imenso, ingovernável, passando diante da minha janela, forçando passagem, quando o mensageiro do hotel entrou berrando que o *Spray* tinha sido "trombado". Saí rapidamente e descobri que "trombado" significava que um imenso vapor havia atropelado a chalupa, e que fora justamente o mesmo vapor, do qual eu havia visto a popa, cuja proa atingira o *Spray*. Por fim, no entanto, não houve nenhum estrago, além da perda de uma âncora e sua corrente, que com o choque da colisão havia se soltado do escovém. Não tive nenhum motivo de queixa, contudo, por fim, pois o capitão, depois de atracar seu navio, mandou rebocar o *Spray* até o porto, a salvo de qualquer risco, e devolveu a chalupa, por intermédio de um oficial e três marinheiros, até sua ancoragem na baía, avisando cordialmente que custearia todos os reparos necessários. Mas quantas guinadas deu minha chalupa com o timoneiro desconhecido! O velho amigo piloto da caravela *Pinta* não teria sido tão grosso. Mas, para meu grande alívio, conseguiram atracá-la, e a minha neuralgia passou, ou dela me esqueci. O capitão do vapor, como genuíno marinheiro, manteve sua palavra, e seu intermediário, o senhor Collishaw, pagou-me já no dia seguinte o preço da âncora e da corrente perdidas, com uma quantia a mais pelo incômodo causado. Lembro-me de ele ter me oferecido 12 libras a princípio; mas, sendo 13 o meu número da sorte, arredondamos para 13 libras e liquidamos a questão.

Zarpei outra vez, dia 9 de maio, com forte vento sudoeste pela popa, o que levou galhardamente o *Spray* até Port Stevens, onde o vento amainou e depois passou para a proa; mas o tempo estava bom e assim permaneceu por muitos dias, o que foi uma grande diferença para o clima que eu experimentara ali alguns meses antes.

Munido do conjunto completo de cartas do almirantado da costa e da Barreira de Coral, eu estava tranquilo. O capitão Fisher, da marinha britânica, que viajara através das passagens da Barreira no vapor *HMS Orlando*, aconselhara-me, desde o início, a seguir esse curso, e não lamentei ter voltado pelo mesmo caminho.

O vento, por alguns dias depois de passar Port Stevens, Seal Rocks e Cape Hawk, ficou brando e parou mais adiante; mas esses pontos estão fotografados na minha memória, depois da provação de atravessá-los alguns meses antes, quando ia na direção contrária. Mas agora, com um bom estoque de livros a bordo, passei a ler noite e dia, abandonando essa aprazível ocupação apenas para rizar as velas, ou para cambar, ou para me deitar e descansar, enquanto o *Spray* ganhava milhas aos poucos. Tentei relacionar minha situação com a dos velhos circum-navegadores, que navegaram exatamente pela rota que eu segui das Ilhas de Cabo Verde, ou mais além, até aquele ponto, e adiante, mas não havia termo de comparação. As dificuldades e as proezas românticas daqueles navegadores antigos — daqueles que escaparam da morte e de sofrimentos piores — não fizeram parte do meu aprendizado em velejar sozinho pelo mundo. A mim, couberam apenas experiências aprazíveis, a ponto de minhas aventuras soarem prosaicas e pacatas.

Eu havia acabado de ler algumas das mais interessantes histórias de antigas viagens em navios desgraçados, e já estava quase chegando em Port Macquarie, no meu próprio ritmo, quando avistei, no dia 13 de maio, uma embarcação moderna e elegante em apuros ancorada na costa. Aproximando-me, descobri que era o iate *Akbar*,[11] que zarpara de Watson's Bay cerca de três dias antes do *Spray*, e que eu já havia encontrado uma vez em apuros. Não era de se estranhar que tivesse problemas. Tratava-se de um caso de "meninos perdidos na floresta" ou "borboletas ao mar". O dono, em sua primeira viagem, usava uma calça de lona enorme; o capitão, caracterizado pelo enorme quepe de iatista, era um baleeiro de Murrumbidgee[12] antes de assumir o comando do *Akbar*; e o oficial navegador, pobre colega, era quase tão surdo quanto um poste, e quase tão rígido e imóvel quanto esse mesmo poste fincado no chão. Esses três belos marujos eram a tripulação. Nenhum deles sabia mais sobre o mar ou sobre barcos que um bebê recém-nascido sabe sobre outros mundos. Iam para Nova Guiné, segundo me disseram; talvez tenha sido melhor assim, que aqueles três iniciantes, tão verdes, tão crus, não tenham jamais chegado ao seu destino.

Na ocasião em que conheci o dono dessa embarcação, antes que zarpasse, ele propôs uma regata ao pobre *Spray* até Thursday Island. Declinei do desafio, naturalmente, alegando que seria injusto que um velho marinheiro sozinho em um barco rústico competisse com três jovens iatistas em um clíper; além disso, em hipótese nenhuma eu atravessaria às pressas o Mar de Coral.

"*Spray ahoy!*", todos gritaram, então. "Como estará o tempo? Teremos vento? Não seria melhor voltarmos para trocar as velas?"

Pensei "Se conseguir voltar, nem troque as velas!", mas disse: "Dê-me a ponta de um cabo, vou rebocá-los até o próximo porto; e, pelo amor que vocês têm a suas vidas, não voltem pelo Cabo Hawk, pois já é inverno ao sul dali!".

---

11. *Akbar* não era o nome do registro, mas este não precisa ser mencionado. (N.T.)
12. Murrumbidgee é um pequeno rio que serpenteia pelas montanhas da Austrália e seria o último lugar onde procurar uma baleia. (N.E.)

"Teremos vento?"

Eles sugeriram ir a Newcastle com velas improvisadas; pois a vela mestra estava rasgada em tiras, a mezena fora levada pelo vento e o aparelho todo estava mal amarrado nas pontas. O *Akbar*, em suma, era um verdadeiro naufrágio.

"Levantem âncora!", gritei. "Levantem âncora e me deixem rebocá-los até Port Macquarie, doze milhas ao norte daqui."

"Não!", exclamou o proprietário. "Vamos voltar para Newcastle. Passamos a entrada de Newcastle na vinda; não vimos a luz, e não estava nem nublado, a bem da verdade!" Foi isso que ele berrou bem alto, de um modo meio exagerado para os meus ouvidos; imaginei como isso teria soado, então, para os ouvidos do seu oficial navegador. Mais uma vez, tentei persuadi-los a se deixarem rebocar até o porto de refúgio mais próximo. Bastaria que se dessem ao trabalho de levantar âncora e me passar a ponta de um cabo; deixei isso bem claro, mas eles se recusaram, por pura ignorância de procedimentos racionais.

"A que profundidade você está?", perguntei-lhe.

"Não sei. Perdemos a sonda. A corrente se soltou. Medimos com a âncora."

"Envie um bote! Vou lhes dar uma sonda de chumbo."

"Perdemos o bote também", eles gritaram.

"Deus pai, vocês só não perderam a cabeça! Adeus!", foi tudo o que consegui dizer.

Aquele serviço banal oferecido pelo *Spray* teria salvado o *Akbar*.

"Fale sobre nós!", eles gritaram, enquanto eu ainda estava por ali. "Conte que estamos com as velas estouradas, e que isso não nos importa e que não estamos com medo."

"Então não há esperança para vocês", eu disse, e novamente: "Adeus!". Prometi que reportaria a situação deles, e reportei na primeira oportunidade, e por motivos humanitários reporto novamente. No dia seguinte, falei com o vapor *Sherman*, que descia até a costa, e reportei a posição do iate em apuros e que seria um ato humanitário rebocá-lo para longe de sua posição exposta em um litoral de mar aberto. O motivo de não terem aceitado tampouco o reboque do vapor não era falta de fundos para pagar o serviço; pois o proprietário, que herdara recentemente algumas centenas de libras, tinha o dinheiro consigo. O projeto da viagem à Nova Guiné era visitar a ilha com a intenção de comprá-la. Por volta de dezoito dias depois, ouvi falar de novo no *Akbar*, era 31 de maio, quando cheguei a Cooktown, no Rio Endeavor, onde li a seguinte notícia:

> 31 de maio, o iate *Akbar,* que ia de Sydney a Nova Guiné, três tripulantes a bordo, naufraga em Crescent Head; a tripulação foi resgatada.

Eles levaram vários dias para perder o iate afinal.

Depois de falar com o perturbado *Akbar* e com o *Sherman*, a viagem foi por muitos dias monótona, exceto pelo aprazível incidente, em 16 de maio, de uma conversa por intermédio de sinais com pessoas em South Solitary Island, um desolado monte de pedras no oceano, na altura da costa de Nova Gales do Sul, latitude 30°12'.

"Que barco é esse?", eles perguntaram quando a chalupa se aproximou da ilha. Em resposta, mostrei as Estrelas e as Listras no topo do mastro. Logo vieram os sinais de reação deles; ergueram a insígnia britânica, desfraldando-a animadamente. Entendi por esse gesto que eles sabiam quem eu era e tudo mais sobre meu barco, pois não fizeram mais perguntas. Eles não perguntaram sequer se "a viagem daria lucro", mas lançaram uma mensagem amistosa — "Desejamos boa viagem!" — o que naquele exato momento era o que eu estava vivendo.

No dia 19 de maio, o *Spray*, passando o Rio Tweed, recebeu sinais de Danger Point, onde as pessoas na praia pareciam aflitas com meu estado de saúde, pois perguntaram "se toda a tripulação" estava bem, ao que eu respondi "Sim!".

No dia seguinte, o *Spray* contornou Great Sandy Cape, e, o que é um acontecimento notável em toda a viagem, entrou na zona dos ventos alísios, e esses ventos nos acompanharam por muitas milhares de milhas, sem parar de soprar, entre uma rajada moderada e uma amena brisa de verão, exceto com raros intervalos.

Na escuridão do Cabo, avistava-se uma luz nobre a 27 milhas de distância; passando desse farol para o farol Lady Elliott, que se ergue em uma ilha como sentinela do portal da Grande Barreira de Coral, o *Spray* logo avançou pelo canal que leva ao norte. Poetas já cantaram a luz dos fanais e faróis, mas algum deles contemplou o clarão aceso diante de seu caminho em uma noite escura em meio a um mar coralino? Se o fez, este sabia o significado de sua canção.

O *Spray* havia navegado por horas em suspense, evidentemente lutando contra uma corrente. Quase louco de dúvida, agarrei o leme para manobrar em direção ao mar aberto, quando, resplandecendo do meio do mar, avistei a luz à minha frente. "Excalibur!", exclamaram os homens, e se rejubilaram, e seguiram adiante. O *Spray* estava agora em mar protegido e águas lisas, pela primeira vez desde que sua quilha deixara

Gibraltar, e foi uma bem-vinda mudança da agitação do equivocadamente chamado "Pacífico".

O Pacífico talvez não seja, em geral, mais tempestuoso que outros oceanos, embora eu me sinta bastante seguro em dizer que só é pacífico no nome. Ele é muitas vezes bastante feroz em algumas regiões. Conheci um escritor que, depois de dizer coisas belas sobre o mar, passou através de um furacão no Pacífico e se tornou um homem diferente. Mas o que seria da poesia do mar se não houvesse ondas bravias? Por fim, ali estava o *Spray* em meio a um mar de coral. O mar poderia de fato ser considerado liso, mas os recifes de coral são sempre ásperos, afiados e perigosos. Confiei na misericórdia do Criador de todos os recifes, mantendo-me ao mesmo tempo sempre atento aos perigos que havia em toda parte.

Ai! A Barreira de Coral e as águas multicoloridas cravejadas de ilhas encantadas! Se meus olhos não me enganavam, avistei entre elas, enfim, muitos portos seguros. Em 24 de maio, a chalupa, havendo percorrido cento e dez milhas por dia desde Danger Point, agora entrava em Whitsunday Pass, e naquela noite atravessou entre as ilhas. Quando o sol raiou na manhã seguinte, olhei para trás e lamentei ter passado por ali enquanto estava escuro, pois o cenário à popa, ao longe, era variadíssimo e fascinante.

CAPÍTULO XV

Na manhã do dia 26, aproximei-me de Gloucester Island, e o *Spray* ancorou ao anoitecer em Port Denison, onde fica, no alto da encosta, a doce cidadezinha de Bowen, futuro balneário e estância de Queensland. Toda a região do interior por ali tinha uma aparência saudável.

O porto tinha acesso fácil, era espaçoso e seguro, e o fundo era de boa tença. Estava tudo em paz em Bowen quando o *Spray* chegou, e a boa gente, na primeira hora livre, na segunda noite de minha chegada, compareceu à Escola de Arte para conversar sobre a viagem, que foi uma grande novidade. Anunciaram devidamente nos dois pequenos jornais, *Boomerang* e *Nully Nully*, um antes do evento, e outro no dia seguinte, o que não fez diferença para o editor e, nesse caso, tampouco para mim.

Além disso, foram distribuídas circulares com floreios elogiosos, e "o melhor arauto" da Austrália foi empregado. Mas eu quase castigo o condenado, com sino e tudo, quando ele veio até o pequeno hotel onde eu jantava com minha futura plateia, e com seu sino barulhento e sua gritaria demoníaca fez tanto alarde que teria acordado os mortos, falando da viagem do *Spray* de "Boston a Bowen, dois Eixos das rodas da carroça da criação", como o *Boomerang* mais tarde diria.

O senhor Myles, magistrado, capitão do porto, comissário de terra, guardião do tesouro, etc., presidia, e me apresentou, jamais entendi o motivo, a não ser que fosse para me constranger com uma sensação de vã ostentação e me amargurar a vida, pois Deus sabe que eu já havia conhecido todas as pessoas da cidade na primeira hora em terra. Àquela altura, eu já conhecia todo mundo pelo nome, e todo mundo já me conhecia. No entanto, o senhor Myles era um bom orador. Na verdade, sugeri que ele fosse em frente e contasse a história enquanto eu mostrasse as figuras, mas ele se recusou a fazer isso. Devo dizer que foi uma fala ilustrada com imagens projetadas por um *stereopticon*. As imagens eram boas, mas a lanterna, artefato de trinta xelins, era péssima, e dentro dela havia apenas um lampião a óleo.

Zarpei bem cedo na manhã seguinte, antes que os jornais saíssem, julgando ser melhor assim. Mas o fato é que os jornais publicaram colunas favoráveis sobre o que chamaram de palestra, como fiquei sabendo mais tarde, elogiando até o arauto.

De Port Denison, a chalupa seguiu com alísios constantes e não parou nenhuma vez, noite e dia, até dar em Cooktown, no Rio Endeavor, onde chegou na segunda-feira, 31 de maio de 1897, antes que uma rajada furiosa de vento a encontrasse naquele mesmo dia cinquenta milhas adiante pela costa. Nessa latitude, fica o eixo e a espinha dorsal dos ventos alísios, que, na altura de Cooktown, se convertem praticamente em um vendaval.

Eu havia sido incumbido de navegar aquela rota com cuidado redobrado e tatear minha passagem pelo caminho. O habilidoso oficial da marinha britânica que me aconselhara a seguir pela passagem da Barreira de Coral escreveu-me que o vapor *HMS Orlando* levara noites e dias nessa travessia, mas eu, com um veleiro, estaria me arriscando nos recifes se resolvesse fazer o mesmo.

A bem dizer, não seria fácil encontrar ancoragem toda noite. A parte mais dura, de levar a chalupa ao largo a cada manhã, havia terminado, eu esperava, depois que passamos o Estreito de Magalhães. Além disso, as melhores cartas náuticas do almirantado tornaram possível navegar noite e dia. Na prática, com o bom vento e o tempo aberto daquela estação, a travessia do canal da Grande Barreira de Coral, com toda sinceridade, foi mais fácil do que cruzar uma avenida em uma cidade agitada, e, sob todos os aspectos, menos perigosa. Mas, a qualquer um que esteja contemplando navegar, eu diria para tomar cuidado com recifes, dia e noite, ou, quando em terra firme, manter a cautela.

"O *Spray* chega voando como um pássaro ao nosso porto", disseram os jornais de Cooktown na manhã seguinte à nossa chegada; "e parece estranho", agregaram, "que apenas um homem tenha sido visto a bordo trabalhando na embarcação". O *Spray* veio a todo pano, sem dúvida, pois anoitecia, e eu estava com pressa de encontrar abrigo antes que escurecesse de vez.

O *Spray* deixando Sydney, na Austrália, com seu novo visual de velas presenteadas pelo Comodoro Foy, da Austrália
(ilustração baseada em uma fotografia).

Desviando de todos os barcos aportados, atraquei ao pôr do sol quase em frente ao monumento em homenagem ao capitão Cook e, na manhã seguinte, desembarquei para deliciar meus olhos com as mesmas pedras que o grande navegador havia visto, pois ali eu estava em território sagrado para os marinheiros. Mas parecia haver uma dúvida na mente das pessoas em Cooktown quanto ao local exato onde o navio dele, o *Endeavor*, parou para fazer reparos em sua memorável viagem ao redor do mundo. Alguns dizem que não foi no lugar onde hoje está o monumento. Uma discussão sobre o assunto estava ocorrendo certa manhã, quando, por acaso, eu passava por ali, e uma jovem senhorita presente, virando-se para mim como alguém dotado de alguma autoridade em questões náuticas, muito lisonjeiramente pediu minha opinião. Bem, eu não via motivo para o capitão Cook, se quisesse fazer reparos em terra firme, não ter dragado um canal até o ponto onde estava o monumento, se ele tivesse uma draga, e depois cobri-lo novamente; pois o capitão Cook era capaz de praticamente tudo, e ninguém nunca disse que ele não tinha uma draga. A jovem senhorita aparentemente concordou com meu raciocínio e, ouvindo a história daquela viagem histórica, me perguntou se eu havia visitado o local, mais adiante no porto, onde o grande circum-navegador fora assassinado. Isso me tirou o fôlego, mas um menino muito esperto pôs fim à minha perplexidade, pois, como todo menino diante de uma pergunta capciosa, voluntariamente respondeu. Ele disse: "Capitão Cook não foi assassinado, dona; morreu na África; o leão comeu!".

Nesse ponto, lembrei-me de um apuro sofrido no passado. Acho que foi em 1866 que o velho vapor *Soushay*, viajando de Batavia em direção a Sydney, atracou em Cooktown buscando ervas contra escorbuto, segundo sempre pensei, e "incidentalmente" entregar correspondências. Em sua lista de doentes, estava eu, febril; de modo que não conheci o lugar até voltar então com o *Spray* trinta e um anos depois. Ali vi a chegada dos garimpeiros, verdadeiros destroços humanos, da Nova Guiné, paupérrimos e moribundos. Muitos deles haviam morrido no caminho e foram sepultados no mar. Só mesmo um desgraçado empedernido passaria ao largo sem tentar fazer alguma coisa por eles.

A solidariedade de todo mundo foi prestada a esses sofredores, mas a pequena cidade já estava bastante esgotada em sua longa benevolência. Pensei no assunto, no presente da senhorita na Tasmânia, que eu prometera a mim mesmo que aceitaria como um empréstimo apenas, mas lembrei-me, para meu constrangimento, de que havia investido o dinheiro. De todo modo, a boa gente de Cooktown quis ouvir uma história do mar e saber como a tripulação do *Spray* fazia quando era acometida por doença. Nesse sentido, a pequena igreja presbiteriana no alto do morro foi aberta para uma assembleia; todo mundo falou, e foi um sucesso estrondoso. O juiz Chester, o magistrado, comandou o *gam*, de modo que o êxito estava garantido. Havia sido ele o responsável pela anexação da ilha da Nova Guiné à Grã-Bretanha. "Quando eu era o encarregado", disse ele, "anexei o máximo delas". Havia uma graça nos termos que era agradável aos ouvidos de um velho viajante. No entanto, os alemães fizeram tanto barulho em relação aos anexos do juiz que obtiveram uma parte do negócio.

Bem, agora eu devia agradecer aos mineiros de Cooktown pelo grande privilégio de acrescentar uma migalha a uma causa nobre, e ao juiz Chester a cidade inteira devia agradecer o aprazível evento. Resolvida essa questão, zarpei em 6 de junho de 1897, retomando meu curso para o norte.

Havendo encontrado ancoragem muito convidativa por volta do anoitecer, no dia 7, passei a noite diante do farol de Claremont. Essa foi a única vez ao longo de toda a travessia do canal da Grande Barreira de Coral que o *Spray* ancorou, com exceção de Port Denison e no Rio Endeavor. Já na noite seguinte a essa, contudo (8 de junho), lamentei amargamente, por um instante, o fato de não haver ancorado antes de escurecer, como eu poderia ter feito facilmente a sotavento de um recife de coral. Aconteceu o seguinte: o *Spray* havia acabado de ultrapassar o navio-farol *M Reef* e deixou sua luz balouçante para trás, quando, a todo pano, com as velas desfraldadas, a chalupa se chocou com o próprio recife na extremidade norte, onde eu esperava encontrar um facho de luz.

A chalupa guinou sobre a quilha, no entanto, e com mais um solavanco, em uma ondulação, atravessou o baixio tão depressa que nem sei direito como isso foi feito. O facho de luz não estava lá; ao menos, eu não o vi. Nem tive tempo de procurar depois do impacto, e certamente não importa muito se o vi ou se não o vi.

Mas isso fez com que a chalupa se afastasse em direção a Cape Greenville, o promontório mais próximo pela frente. Vi os medonhos rochedos por baixo da quilha da chalupa, quando passamos por cima deles, e registrei mentalmente que a letra M, pela qual o navio-farol fora batizado, era a décima terceira de nosso alfabeto, e que treze, como eu já reparara anos antes, ainda era meu número de sorte. Os nativos de Cape Greenville são notoriamente cruéis, e fui aconselhado a passar ao largo. Nesse sentido, do *M Reef* manobrei por fora das ilhas vizinhas, para me manter do lado seguro. Agora saltitante, o *Spray* passou Home Island, ao largo do Cabo, pouco depois da meia-noite, e seguiu seu curso para oeste. Algum tempo depois, a chalupa emparelhou com um vapor que rumava para o sul, tateando seu caminho no escuro, e tornando a noite melancólica com sua própria fumaça preta.

De Home Island, parti em direção a Sunday Island e, ao avistá-la, rizei as velas, por não querer chegar a Bird Island, mais adiante, antes de amanhecer, pois, com vento ainda fresco e as ilhas baixas, havia perigos perto da costa. Na quarta-feira, 9 de junho de 1897, em plena luz do dia, Bird Island foi avistada à frente, a duas milhas e meia, o que eu considerava próximo o bastante. Uma forte corrente pressionava a chalupa a seguir. Não reduzi as velas tão cedo aquela noite! A primeira e única canoa australiana vista na viagem foi encontrada aqui, partindo da costa, com um velame esfarrapado, em direção a essa ilha.

Um peixe comprido, esguio, que saltara no convés durante a noite, foi encontrado pela manhã. Foi meu desjejum. O magro colega não era mais largo que um arenque, com que se parecia em tudo, exceto por ser três vezes mais comprido; mas foi ainda melhor, pois gosto muito de arenque fresco também. Havia mais aves pescadoras ao redor nesse dia, que foi um dos aspectos mais aprazíveis nesta terra de Deus. O *Spray*, dançando sobre as ondas, entrou por Albany Pass conforme o sol descia no oeste sobre as montanhas da Austrália.

Às 19h30, o *Spray*, atravessando a passagem, veio ancorar em uma enseada no continente, perto de um barco coletor de pérolas chamado *Tarawa*, que estava ancorado, e o capitão no convés orientava-me para uma doca. Quando cheguei, ele logo veio a bordo para me cumprimentar. O *Tarawa* vinha da Califórnia, e o capitão Jones, seu comandante, era norte-americano.

Na manhã seguinte, o capitão Jones trouxe a bordo dois pares de belíssimas madrepérolas, as mais perfeitas que eu já vi. Eram provavelmente as melhores que ele tinha, pois Jones era um genuíno marinheiro. Ele me disse que, se eu fosse ficar mais algumas horas, alguns amigos dele de Somerset, nas redondezas, viriam nos visitar, e um dos membros da tripulação, separando as conchas no convés, "apostava" que viriam. O imediato "apostava" também. Os amigos vieram, como o imediato e o cozinheiro "apostaram". Eram eles: Jardine, estivador, famoso em toda a região, e sua família. Senhora Jardine era sobrinha do rei Malietoa e prima da bela Faamu-Sami ("Fazer o mar arder"), que visitaram o *Spray* em Apia. O senhor Jardine era um belo espécime de escocês. Com sua pequena família, ele estava contente por viver naquele lugar remoto, acumulando os confortos da vida.

O fato de o *Tarawa* ter sido construído nos Estados Unidos explicava o fato de a tripulação, e o imediato, Jim, e os outros, serem tão bons "apostadores". Curiosamente, contudo, o próprio capitão Jones, o único americano a bordo, não costumava "apostar" nada.

Depois de uma conversa aprazível e de me despedir da tripulação do *Tarawa*, e do senhor e da senhora Jardine, novamente levantei âncora e atravessei em direção a Thursday Island, agora à vista, no canal do Estreito de Torres, onde cheguei pouco depois do meio-dia. Ali o *Spray* permaneceu até 24 de junho. Sendo o único representante norte-americano no porto, essa demora foi imperativa, pois, no dia 22, foi o jubileu de diamante da rainha. Aqueles dois dias, segundo os marinheiros, seriam "preparatórios".

Nesse meio-tempo, passei dias aprazíveis na ilha. O senhor Douglas, magistrado local, convidou-me, um dia, para um passeio em seu barco a vapor, entre as ilhas do Estreito de Torres. Sendo uma expedição científica, cujo responsável era o professor Mason Bailey, botânico, perambulamos pelas ilhas Friday e Saturday, onde pude ter vislumbres de botânica. A senhorita Bailey, filha do professor, acompanhou a expedição e me falou sobre muitas plantas indígenas com nomes extensos.

O 22 de junho foi o grande dia em Thursday Island, pois não era apenas o jubileu, mas um jubileu com um grande *corroboree*, porque o senhor Douglas levara cerca de quatrocentos guerreiros nativos com suas esposas e seus filhos, partindo do continente, para conferir à celebração um genuíno toque nativo, pois, quando fazem *corroboree* em Thursday Island, a festa é para valer. O *corroboree* foi, de todo modo, um estrondoso sucesso. Aconteceu à noite, e os guerreiros, pintados de cores fantásticas, dançaram e saltaram diante de uma grande fogueira. Alguns estavam paramentados e pintados como pássaros e animais; a ema e o canguru foram bem representados. Um sujeito saltava como uma rã. Outros tinham esqueletos humanos pintados nos corpos, enquanto pulavam de forma ameaçadora, de lança na mão, prontos para atacar algum inimigo imaginário. O canguru saltitava e dançava com leveza e graça, formando uma bela figura. Todos mantinham o ritmo da música, vocal e instrumental, e os instrumentos eram (vejam só!) pedaços de madeira, que eles batiam uns nos outros, e ossos que pareciam pequenas cuias, que seguravam nas palmas das mãos e faziam se chocar uns contra os outros, produzindo um som surdo. Foi uma apresentação ao mesmo tempo divertida, espetacular e assustadora.

Os guerreiros aborígenes que vi em Queensland eram, em sua maioria, esguios e bem constituídos, mas seus traços eram sempre repulsivos, e as mulheres, se isso é possível, ainda menos favorecidas.

Reparei que, naquele dia do jubileu, não havia nenhuma bandeira estrangeira hasteada em público, com exceção das Estrelas e das Listras, que, ao lado da Union Jack, guardavam o portão, e drapejavam em muitos locais, das mais minúsculas às de tamanho padrão. Conversando com o senhor Douglas, arrisquei comentar a deferência ao meu país. "Oh", ele disse, "isso é uma questão de família, e não consideramos as estrelas e as listras uma bandeira estrangeira". O *Spray* evidentemente hasteou suas melhores flâmulas, e a Union Jack e sua própria nobre insígnia, o mais alto possível.

No dia 24 de junho, o *Spray*, bem equipado sob todos os aspectos, zarpou para a longa viagem pela frente até o Oceano Índico. O senhor Douglas hasteou uma bandeira para minha chalupa quando deixei sua ilha. O *Spray* agora havia passado por quase todos os perigos do Mar de Coral e do Estreito de Torres, que, de fato, não eram poucos; e, dali em diante, a partir daquele ponto, a navegação seria simples, mantendo o curso, sempre em frente. O vento alísio ainda estava fresco, e eu poderia contar com ele, por certo, então, até a costa de Madagascar, quiçá além, pois a estação ainda estava no início.

Não era minha intenção chegar ao largo do Cabo da Boa Esperança antes do auge do verão, e ainda estávamos no começo do inverno. Já passara ao largo do Cabo uma vez em julho e, naquela latitude, evidentemente, era o auge do inverno. O grande navio que então eu comandava encontrou apenas atrozes furacões e não gostou nada deles. Eu não queria enfrentar tempestades de inverno agora. Não por temê-las mais nesta viagem, no *Spray*, do que se fosse em um grande navio, mas porque prefiro bom tempo em qualquer situação. É verdade que se podem encontrar tempestades fortes ao largo do Cabo da Boa Esperança em qualquer estação do ano, mas, no verão, elas são menos frequentes e não duram tanto. E assim, dispondo de bastante tempo para me permitir desembarcar nas ilhas do caminho, tracei então o curso para os atóis Keeling Cocos, distantes duas mil e setecentas milhas. A partir de Booby Island, que a chalupa ultrapassou no início da manhã, resolvi visitar o Timor, no caminho, uma ilha de altas montanhas.

Booby Island eu já conhecia, mas ali estivera apenas uma vez, quando, a bordo do vapor *Soushay*, precisei "querenar" às pressas. Na passagem por ali, pude observar Booby Island. Se eu fosse morrer, ao menos teria visto essa ilha. Naquela época, os navios que passavam costumavam deixar estoques em uma caverna na ilha, para eventuais náufragos e navegantes aflitos. O capitão Airy, do *Soushay*, um bom sujeito, enviou um bote até a caverna com sua contribuição para o estoque geral, que foi desembarcada em segurança, e o bote, na volta, trouxe do correio improvisado cerca de uma dúzia de cartas, a maioria deixada por baleeiros com o pedido de que o primeiro navio que estivesse voltando para casa as levasse e as entregasse ao correio mais próximo, que foi o costume desse estranho serviço postal por muitos anos. Algumas cartas trazidas por nosso bote eram endereçadas a New Bedford; outras, a Fairhaven, em Massachusetts.

Hoje em dia, há um farol em Booby Island e uma comunicação regular por paquetes com o resto do mundo, e a bela incerteza do destino das cartas ali deixadas é coisa do passado. Não visitei a ilha, mas me aproximei e troquei sinais com o faroleiro. Zarpando, a chalupa estava outra vez no Mar de Arafura, onde durante dias navegamos em águas brancas como leite e verdes e purpúreas. Para minha sorte, entrei nesse mar no último quarto da Lua e, vantagem das noites escuras, pude testemunhar o efeito da luz fosforescente em seu máximo esplendor. O mar, onde a chalupa o perturbava, parecia em chamas, tanto que, com essa luz, eu conseguia enxergar os menores objetos no convés, e o rastro era uma trilha de labaredas.

No 25 de junho, a chalupa já havia ultrapassado todos os baixios e perigos e velejava por águas lisas como antes, mas com velocidade um tanto reduzida. Tirei a bujarrona feita em Juan Fernández e aparelhei como palanque, usando o bambu mais grosso que a senhora Stevenson me dera em Samoa. O palanque puxava como um soldado, e, com o bambu fazendo sua parte, o *Spray* manteve seu ritmo.

Diversos pombos, atravessando da Austrália em direção às ilhas, desviaram de seu curso acima do *Spray*. Aves menores passaram voando na direção oposta. Na parte do Arafura em que cheguei primeiro, onde era mais raso, as cobras do mar vinham serpentear na superfície e mergulhavam nas ondas. Conforme a chalupa seguiu em frente, onde o mar ficou fundo, elas desapareceram. No oceano, onde a água é azul, nenhuma delas foi avistada.

Nos dias de tempo sereno, não havia muito o que fazer além de ler e descansar no *Spray*, para compensar o máximo pelo mau tempo passado ao largo do Cabo Horn, que ainda não fora esquecido, e me preparar para o Cabo da Boa Esperança com um bom estoque de sossego. Meu diário de bordo nesse trecho não muda muito de um dia para o outro, como se pode ver nestas entradas de 26 e 27 de junho, por exemplo:

26 de junho, pela manhã, algumas rajadas; mais tarde,
o dia inteiro de brisa constante.
Pelo registro, ao meio-dia... 130 milhas
Correção subtraída por arrasto.. 10 milhas
120 milhas
Acréscimo devido à correnteza.. 10 milhas
130 milhas

> Latitude segundo observação ao meio-dia, 10°23'S.
>
> Longitude segundo a carta náutica.

Sem dúvida, não havia muita reflexão nesse diário. O dia 27 de junho traz alguma novidade, ao concluir:

> Antes de tudo, havia um peixe-voador no convés; fritei-o na manteiga.
>
> 133 milhas no registro.
>
> Correção por arrasto, nenhuma, e, quanto à correnteza, por estimativa... deixe pra lá.
>
> Latitude segundo observação ao meio-dia, 10°25'S.

Por vários dias, então, o *Spray* navegou para oeste na altura do paralelo 10°25'S, sem se desviar nenhum fio. Caso se desviasse minimamente, ao longo do dia ou da noite — e isso pode ter acontecido — retomava seu curso, curiosamente, ao meio-dia, na mesma latitude. Mas a maior ciência era a estimativa da longitude. Meu cronômetro de lata, meu único instrumento, havia, a essa altura, perdido o ponteiro dos minutos, mas, depois que o deixei na água fervente, pelo menos voltou a dar as horas, e isso era precisão suficiente para um longo curso.

Dia 2 de julho, avistei a grande Ilha do Timor, ao longe, ao norte. No dia seguinte, vi a Ilha de Dana, não muito distante, ao largo, e uma brisa veio de seu litoral, à noite, fragrante de especiarias e outros aromas da costa.

Dia 11, a todo pano e com o palanque ainda firme, avistei Christmas Island, por volta do meio-dia, um ponto a estibordo. Antes de anoitecer, surgiu a uma distância de duas milhas e meia a estibordo. A superfície da ilha apareceu bem delineada, erguendo-se do mar até uma altura considerável no centro. Sua silhueta era lisa como um peixe, uma longa ondulação subia, quebrando nas extremidades, ali deitada como um monstro adormecido, sem se mexer, no meio do mar. Parecia ter as proporções de uma baleia, e, conforme a chalupa passou ao seu lado, na direção da parte onde seria a cabeça dela, havia até mesmo um espiráculo, que era uma abertura na rocha por onde as ondas lançavam seu jorro, como se fosse uma baleia viva de verdade.

Fazia muito tempo que eu não via essa ilha; mas me lembro da admiração momentânea que senti pelo capitão do navio em que eu estava na época, o *Tawfore*, quando ele gritou, certa manhã, lá debaixo do castelo da popa: "Alguém de vocês, vá até lá em cima, de olhos bem abertos, e veja se não é Christmas Island!". Justamente, lá estava a ilha, que avistamos. Quando o capitão M., sem olhar, pois estava embaixo do convés, acertou a posição da ilha, isso causou grande impressão, e ele mesmo nunca superou isso. O primeiro imediato, que era o nosso terror a bordo e nunca andara a barlavento do capitão, passou a se portar humildemente a sotavento de uma vez. Quando chegamos a Hong Kong, havia uma carta para mim no correio. Eu estava no bote com o capitão, enquanto a carta ficou com ele durante algumas horas. Mas você acha que ele entregaria uma carta a um marinheiro? Não, de modo algum; nem para um marinheiro da seção de convés. Quando chegamos ao navio, ele passou a carta para o primeiro imediato; o primeiro imediato passou a carta para o segundo, e este a deixou, covardemente, em cima do cabrestante, onde eu conseguiria encontrá-la.

CAPÍTULO XVI

Até as Ilhas Keeling,[13] agora, faltavam apenas quinhentas e cinquenta milhas; mas mesmo nesse curto trajeto era necessário ser extremamente cauteloso em manter o curso certo para não perder o atol.

No dia 12, algumas centenas de milhas a sudoeste de Christmas Island, avistei nuvens de contra-alísios voando do sudoeste, muito altas, acima dos ventos regulares, que amainaram, então, por alguns dias, enquanto uma ondulação mais pesada do que o usual entrou também do sudoeste. Caía uma tempestade de inverno na direção do Cabo da Boa Esperança. Nesse sentido, manobrei para barlavento, percorrendo vinte milhas por dia nessas condições, descontando a corrente; e não foi exagero, pois nesse curso cheguei às Ilhas Keeling pela proa. O primeiro sinal inconfundível de terra foi a visita, numa manhã, de uma andorinha branca que pairou com muita confiança em volta da chalupa, e então bateu asas, rumo a oeste, com ar profissional. A andorinha é conhecida pelos ilhéus como "piloto de Keeling Cocos". Mais adiante deparei com grande número de aves pescando e disputando cada presa que captura-vam. Minha estimativa estava certa, e, subindo no mastro, avistei, antes de chegar à gávea, coqueirais erguendo-se da água. Eu já esperava o que avistei;

---

13. Conhecidas também como Ilhas Cocos. (N.E.)

ainda assim, aquela visão me entusiasmou como um choque elétrico. Deslizei do mastro, trêmulo com as mais estranhas sensações; e, incapaz de resistir aos impulsos, sentei-me no convés e extravasei minhas emoções. Às pessoas sentadas em uma saleta no litoral, talvez isso pareça de fato uma fraqueza, mas estou contando a história de uma viagem solitária.

Nem toquei o leme, pois, com a corrente e a ondulação do mar, a chalupa chegou ao final do trecho navegando por dentro de um canal. Nem a marinha teria feito melhor! Depois, orcei as velas ao vento, peguei o leme e avancei nas duas e tantas milhas que faltavam até o porto, onde ancorei às 15h30, no 17 de julho, vinte e três dias depois de Thursday Island. A distância percorrida foi de 2.700 milhas em linha reta. Só isso já teria sido uma bela travessia atlântica. A navegação foi um deleite! Durante esses vinte e três dias, não passei mais de três horas no leme, incluindo o tempo até chegar ao porto de Keeling. Simplesmente amarrei o leme e deixei a chalupa deslizar; estivesse o vento pelo costado ou pela popa, não fazia diferença: navegamos sempre no curso certo. Nenhum trecho da viagem até esse ponto, de modo geral, foi tão bem rematado como esse.[14]

As Ilhas Keeling, segundo o almirante Fitzroy, R. N., ficam entre as latitudes 11°50'S e 12°12'S, e as longitudes 96°51'E e 96°58'E. Elas foram descobertas entre 1608 e 1609 pelo capitão William Keeling, na época a serviço da East India Company. O grupo do sul consiste em sete ou oito ilhas e ilhotas de um atol, que algum dia, segundo a história dos recifes coralinos, será uma ilha contínua.

---

14. O senhor Andrew J. Leach, em relato de 21 de julho de 1897, por meio do governador Kynnersley, de Singapura, a Joseph Chamberlain, secretário colonial, disse, a respeito da visita do *Iphegenia* ao atol: "Quando deixamos para trás as águas profundas do azul mais escuro e entramos no círculo dos corais, o contraste foi muito impressionante. As cores brilhantes das águas, transparentes a uma profundidade de trinta pés, ora arroxeadas, ora as mais azuis-celestes, e em seguida esverdeadas, com cristas brancas de ondas cintilantes sob um sol brilhante, a moldura (...) das ilhas cobertas de coqueirais, entre as quais não se avistava o sul, as praias de areia branca, e os intervalos ainda mais brancos das arrebentações, e, por fim, a lagoa em si, com sete ou oito milhas de norte a sul, e cinco ou seis de leste a oeste, apresentavam uma visão que jamais se esquecerá. Após breve demora, o senhor Sidney Ross, filho mais velho de George Ross, veio nos receber, e, pouco depois, acompanhados do médico e de outro oficial, desembarcamos em terra firme.
No cais, encontramos, na doca seca, para limpeza, etc., o *Spray* de Boston, um iole de 12,7 toneladas, propriedade do capitão Joshua Slocum. Ele chegou à ilha no dia 17 de julho, vinte três dias depois de zarpar de Thursday Island. Esse extraordinário viajante solitário partiu de Boston cerca de dois anos atrás, sozinho, cruzou até Gibraltar, desceu até o Cabo Horn, passou pelo Estreito de Magalhães até as Society Islands, dali até a Austrália, e, através do Estreito de Torres, até Thursday Island".

North Keeling não tem nenhum porto, raramente é visitada e não possui nenhuma importância. As South Keelings são um pequeno mundo, estranho, com uma história romântica própria. Elas foram visitadas, apenas ocasionalmente, por remos que chegavam boiando de navios naufragados por furacões, ou um tronco de árvore à deriva desde a Austrália, ou um barco desastrado que se perdeu, e, só em último caso, pelo homem. Até mesmo uma pedra uma vez chegou boiando a Keeling, bem presa entre as raízes de uma árvore.

Após a descoberta dessas ilhas pelo capitão Keeling, o primeiro visitante famoso foi o capitão John Clunis-Ross, que, em 1814, passou ali a bordo do *Borneo* a caminho da Índia. O capitão Ross voltou dois anos depois com a esposa, a família e a sogra, a senhora Dymoke, e oito marinheiros artesãos, para se apossar das ilhas, mas encontrou por lá um certo Alexander Hare, que nesse meio-tempo havia transformado o pequeno atol em uma espécie de Éden para seu serralho de mulheres malaias, que ele transportara desde a costa da África. O próprio irmão de Ross, por incrível que pareça, havia transportado Hare e sua multidão de mulheres até as ilhas, sem saber dos planos do capitão John de ocupar o pequeno mundo. E, assim, Hare chegou lá, com seus pertences, como se para ficar.

Em sua visita anterior, contudo, Ross havia pregado a bandeira britânica em um mastro em Horsburg Island, uma das ilhas do grupo. Dois anos depois, farrapos dessa bandeira ainda tremulavam ao vento, e seus marinheiros, de bom grado, logo começaram a invasão do novo reino, para se apossar dele, com mulheres e tudo. A força de quarenta mulheres, com um único homem a comandá-las, não foi suficiente para deter oito fortes marinheiros e fazê-los voltar para o mar.[15]

A partir desse momento, Hare passou por maus bocados. Ele e Ross não foram bons vizinhos. As ilhas eram pequenas demais e muito próximas para personalidades tão diferentes. Hare dispunha de "oceanos de dinheiro" e poderia viver muito bem em Londres; mas havia sido governador de uma colônia selvagem em Bornéu e não conseguia mais se confinar à vida doméstica

---

15. Nos relatos presentes no *Sailing Directory*, de Findlay, sobre alguns desses acontecimentos, há uma discrepância cronológica. Sigo aqui os relatos reunidos pelos netos do velho capitão e os registros encontrados no local.

que a prosaica civilização oferece. E, assim, ele permaneceu no atol com suas quarenta mulheres, recuando pouco a pouco diante de Ross e sua parruda tripulação, até, por fim, se ver com seu harém na pequena ilha conhecida hoje em dia como Prison Island, onde, como Barba Azul, ele confinou as esposas em um castelo. O canal entre as ilhas era estreito, a água não era profunda, e os oito marinheiros escoceses usavam botas de cano alto. Hare, então, ficou desolado. Ele tentou compensá-los com rum e outros luxos, mas isso só piorou as coisas. No dia seguinte à primeira festa de Santo André na ilha, Hare, possesso de raiva, já sem conversa com o capitão, escreveu-lhe um bilhete que dizia: "Prezado Ross: pensei, quando enviei carne de porco e rum para seus marinheiros, que eles se afastariam do meu jardim de flores". Em resposta, o capitão, consumido de indignação, berrou do meio da ilha, onde estava, "*Ahoy*, você aí em Prison Island! Hare, você não sabe que rum e carne de porco não são o céu do marinheiro?". Hare diria depois que era possível ouvir os rugidos do capitão até em Java.

O estabelecimento ilegal logo foi desfeito, com as mulheres desertando de Prison Island, colocando-se sob proteção de Ross. Hare depois foi a Batávia, onde acabou morrendo.

Minha primeira impressão ao desembarcar foi de que o crime de infanticídio não havia chegado às Ilhas Keeling. "Todas as crianças vieram recebê-lo", justificou o senhor quando elas se reuniram no cais às centenas, de todas as idades e todos os tamanhos. As pessoas dessa região são um tanto tímidas, mas, velhas ou jovens, nunca passam por alguém ou veem alguém passar por sua porta sem fazer uma saudação. Com vozes melodiosas, elas dizem algo como "Você está caminhando?" (*Jalan, jalan?*). E o outro responde: "Você quer vir junto?".

Por muito tempo após a minha chegada, as crianças ficaram olhando com desconfiança e medo o "navio do solitário". Um nativo havia desaparecido no mar muitos anos antes, e elas imaginaram que ele poderia ter se transformado de preto em branco e voltado na chalupa. Por algum tempo, cada movimento meu foi vigiado de perto. Elas se interessaram particularmente pelo que eu comia. Um dia, depois de "engraxar" a chalupa com uma mistura de alcatrão de hulha e outras substâncias, enquanto eu jantava, com o luxo de uma geleia de amora, notei uma certa comoção, e então gritei e bati o pé, pois as crianças saíram correndo e gritando "O capitão está comendo alcatrão! O capitão está comendo alcatrão!". Mas logo descobriram que aquele "alcatrão" era muito gostoso, e que eu havia trazido bastante daquilo. Um dia, quando eu besuntava um biscoito de marinheiro com uma grossa camada dessa geleia, para dá-lo a um rapazinho muito entusiasmado, ouvi as crianças sussurrando "Chut-chut!", referindo-se ao fato de um tubarão ter mordido minha mão, que observaram ser defeituosa. Daí em diante, eles passaram a me ver como um herói, e eu não tive mãos suficientes para os pequenos de olhos brilhantes que quiseram se agarrar nos meus dedos para me acompanhar por toda parte. Antes disso, quando eu estendia a mão e dizia "Venha!", eles recuavam tímidos até a casa mais próxima e diziam *Dingin*!" ("Está frio!"), ou *Ujan*!" ("Vai chover!"). Mas, depois que aceitaram que eu não era o espírito do negro perdido que voltara, ganhei muitos amigos por toda a ilha, chovendo ou com sol.

O *Spray* em terra para ser "engraxado" nas Ilhas Keeling
(ilustração baseada em uma fotografia).

Um dia, depois disso, quando tentei arrastar a chalupa e encontrei-a amarrada na areia, as crianças todas bateram palmas e gritaram que um *kpeting* (caranguejo) a estava segurando pela quilha; e a pequena Ophelia, de 10 ou 12 anos, escreveu no diário do *Spray*:

Cem homens bem altos e fortes
puxaram no cabrestante, *yeo ho*!
Só que o cabo desamarrou;
a chalupa não se soltou;
pois foi, meninos, a coisa mais esquisita,
a quilha ficou presa por um grande *kpeting*.

Sendo ou não assim, ficou decidido que o sacerdote muçulmano, Sama, o Emim, em troca de um vidro de geleia, deveria pedir a Mohammed que abençoasse a viagem e que fizesse o caranguejo soltar a quilha da chalupa, o que ele fez, se é que estava mesmo segurando a quilha, e a chalupa flutuou na maré seguinte.

No dia 22 de julho, chegou o *HMS Iphegenia*, com o senhor juiz Andrew J. Leech e oficiais magistrados a bordo, em um circuito de inspeção entre os Estabelecimentos dos Estreitos, dos quais Keeling era território, para apurar queixas e julgar processos, se houvesse algum processo para ser julgado. Eles encontraram o *Spray* na doca seca, amarrado a um coqueiro. Mas, nas Ilhas Keeling, não houve nenhuma queixa desde o dia em que Hare migrou, pois os Rosses sempre trataram os ilhéus como membros de sua própria família.

Se existe um paraíso nesta Terra, é Keeling. Não havia trabalho para um advogado, mas alguma coisa precisava ser feita, pois ali havia dois navios no porto, um grande navio de guerra e o *Spray*. Em vez de processo judicial, houve um baile, e todos os oficiais puderam deixar sua embarcação e pisar em terra firme. Todo mundo na ilha compareceu, velhos e moços, e o grande salão do governador ficou cheio de gente. Todos que conseguiam ficar de pé dançaram, enquanto os bebês ficaram amontoados nos cantos da sala, satisfeitos por verem os adultos. Minha amiguinha Ophelia dançou com o juiz. A música se fez com duas rabecas arranhando incessantemente a velha canção *We Won't Go Home Till Morning*. E, de fato, não fomos embora antes que amanhecesse.

As mulheres em Keelings não fazem todo o trabalho braçal, como em muitos lugares que visitei na viagem. Alegraria o coração de uma mulher fueguina ver o senhor de Keeling subir em um coqueiro. Além de subirem bem em árvores, os homens de Keeling constroem sofisticadíssimas canoas. De longe, a melhor artesania naval que vi em minha viagem foi ali. Muitos mecânicos rematados viviam sob os coqueirais de Keeling, e a cantoria das serras e as batidas na bigorna eram ouvidas dia e noite. Os primeiros colonizadores escoceses deixaram por lá a força do sangue setentrional e o legado dos hábitos constantes. Nenhuma sociedade beneficente fez tanto por ilhéus quanto o capitão Ross e seus filhos, que seguiram seu exemplo com indústria e empenho.

O almirante Fitzroy, do *Beagle*, que visitou a região, onde muitas coisas eram ao contrário, falou "dessas pequenas ilhas singulares, onde caranguejos comem cocos, peixes comem corais, cães caçam peixes, homens cavalgam tartarugas e as conchas são perigosas armadilhas para os homens", agregando que a maior parte das aves marinhas faz ninho nos galhos das árvores, e muitos ratos se aninham no alto dos coqueiros.

Com a chalupa reaparelhada, resolvi carregá-la com os famosos mexilhões gigantes de Keeling, encontrados na baía vizinha. E bem ali, ainda à vista da aldeia, quase perdi "a tripulação do *Spray*" — não por ter posto o pé dentro de uma dessas conchas, armadilhas para os homens, mas por, descuidadamente, negligenciar detalhes da travessia do porto em um bote. Naveguei através de oceanos inteiros; até então eu já havia completado uma volta por todos eles, e velejara pelo mundo inteiro sem deparar com uma fatalidade similar à da travessia de uma lagoa, na qual confiei tudo a outra pessoa, e ele, pobre mortal, talvez tenha confiado tudo a mim. Seja como for, encontrei-me com um insensato negro africano em um barco frágil dotado de uma vela apodrecida, e esta foi levada embora por uma rajada de vento no meio do canal, que nos deixou desesperadoramente à deriva para o mar alto, onde acabaríamos perdidos irreversivelmente. Com o oceano inteiro diante de nós a barlavento, fiquei desolado ao ver, enquanto seguíamos à deriva, que não havia nem um remo no bote! Havia uma âncora, certamente, mas não havia cabo suficiente para amarrar um gato, e já estávamos em águas profundas. Por uma grande sorte, no entanto, havia um mastro. Usando esse mastro como remo, com máxima energia e com mínimas falhas acidentais no vento a nosso favor, o bote precário alcançou águas de um banco de areia, onde pudemos tocar o fundo e nos empurrar para a praia. Com a África, a costa mais próxima a barlavento, a 3 mil milhas de distância, sem uma única gota de água a bordo do bote, e um negro magro e faminto — bem, com os dados lançados, a tripulação do *Spray* dali a pouco teria sido difícil de encontrar. É desnecessário dizer que não me arrisquei mais. As ostras gigantes foram depois recolhidas em um bote seguro, trinta delas equivalendo a 3 toneladas de lastro de cimento, que joguei de volta ao mar para criar espaço e empuxo.

Capitão Slocum à deriva no mar.

No dia 22 de agosto, quando o *kpeting*, ou qualquer outra coisa que segurava a chalupa nas ilhas, soltou sua quilha, ela zarpou mar afora a todo pano, rumando novamente para casa. Subindo uma ou duas ondas fortes nas margens do atol, a chalupa ultrapassou os recifes cintilantes. Muito antes, as obscuras Keeling, com suas mil almas, tão impecáveis em suas vidas quanto talvez seja possível para frágeis mortais, desapareceram, deixadas para trás. Digo, exceto na minha mais forte afeição.

O mar estava agitado, e o *Spray* foi muito sacudido quando se expôs aos ventos, cuja direção segui, rumo à Ilha Rodrigues, e que trouxeram o mar pelo costado. O curso direto para a ilha era oeste e sul, um quarto para o sul, e a distância, de 1.900 milhas; mas manobrei consideravelmente para barlavento, para compensar as ondulações e outros efeitos de sotavento. Minha chalupa, neste curso, navegou com velas rizadas durante dias a fio. Naturalmente, fiquei cansado da incessante agitação do mar e, sobretudo, de ficar molhado toda vez que subia ao convés. Sob tais árduas condições climáticas, o *Spray* parecia estar ficando para trás em seu curso; ao menos, atribuí a essas condições uma discrepância no registro, que, no décimo quinto dia depois que saí de Keeling, chegava a 150 milhas entre a barquilha e os cálculos mentais que fiz do desempenho da chalupa, e assim fiquei atento a qualquer sinal de terra à vista. Pude avistar, por volta do entardecer, um bando de nuvens paradas em um mesmo local, logo adiante, enquanto as outras nuvens passavam; aquilo era sinal de alguma coisa. À meia-noite, conforme a chalupa avançava, um objeto negro apareceu onde eu havia visto as nuvens paradas. Ainda restava um longo trecho, mas era inconfundível: lá estava a alta Rodrigues. Recolhi a barquilha, que então eu usava mais por hábito do que por necessidade, pois eu já sabia a posição e o curso do *Spray* muito antes disso. Se havia uma coisa clara nessa viagem, era que eu podia confiar que a chalupa encontraria seu caminho e com segurança; embora, ao mesmo tempo, eu sempre estivesse pronto para lhe dar ao menos o benefício da dúvida. Os oficiais que se mostram excessivamente seguros, e "sabem tudo decorado como um livro", são aqueles que, segundo observei, naufragam a maioria dos navios e provocam a maioria das mortes. A causa da discrepância no registro foi, como ocorreu muitas vezes, o contato com algum peixe grande; duas das quatro lâminas da barqueta foram destruídas ou deformadas, provavelmente obra de um tubarão. Assegurado da posição da chalupa, deitei-me para descansar e pensar, e me senti melhor assim. Ao raiar do dia, a ilha apareceu a cerca de três milhas. Tinha uma aparência dura, batida pelas intempéries, lá longe, isolada no Oceano Índico, como um pedaço de terra à deriva. O lado de barlavento era pouco convidativo, mas havia um bom porto a sotavento, e orcei, então, ao vento, naquela direção. Um piloto veio me rebocar para o interior do porto, que se alcançava através de um canal estreito entre recifes de coral.

Uma coisa curiosa em todas as ilhas era o fato de insistirem sempre que alguma realidade fosse irreal, enquanto as maiores improbabilidades eram fantasiadas como fatos certos; e assim aconteceu também aqui, onde o bom abade, alguns dias antes, falara ao povo sobre a vinda do Anticristo, e, quando eles viram o *Spray* entrar no porto, todo branco em pleno vendaval, e atracar diante da praia, apenas com um homem a bordo, eles gritaram "Deus nos ajude, é ele, e ele veio de barco!", e fez-se um grande alvoroço no vilarejo. Uma mulher idosa, ao ouvir sobre o meu advento, entrou em casa e se trancou lá dentro. Quando ela ficou sabendo que eu estava, de fato, em sua rua, ela fez barricadas nas portas da casa e não saiu mais por todo o tempo em que passei na ilha, um período de oito dias. O governador Roberts e sua família não compartilhavam dos temores de seu povo e foram até o cais, onde a chalupa atracou, e seu exemplo induziu outros a fazerem o mesmo. Os filhos mais novos do governador logo se encarregaram do bote do *Spray*, e minha visita custou a Sua Excelência, além da grande hospitalidade para comigo, a construção de um bote para os filhos igual ao que pertencia ao *Spray*.

Meu primeiro dia nessa Terra Prometida foi um conto de fadas. Durante muitos dias, eu havia estudado cartas náuticas e contado os dias até minha chegada àquele lugar, como a data da entrada nas Ilhas dos Abençoados, considerando-a o término do último longo trecho, tornado mais penoso pela escassez de muitas coisas, com as quais, a partir daquele momento, eu poderia contar com fartura. E, vejam só, ali estava a chalupa, atracada, com segurança, em um cais em Rodrigues. Na primeira noite em terra firme, na terra dos guardanapos e dos cristais, ainda via diante de mim os fantasmas das toalhas de cânhamo e das canecas de alça quebrada. Em vez de estar sendo sacudido no mar, contudo, como poderia estar, eu me encontrava em um salão iluminado, cercado por espíritos luminosos, jantando com o governador da ilha! "Aladdin", gritei, "onde está sua lâmpada?". Minha lanterna de pescador, que encontrei em Gloucester, mostrou-me coisas mais finas do que sua chama esfumaçada jamais revelou.

O segundo dia no porto foi passado recebendo visitantes. A senhora Roberts e seus filhos foram os primeiros a "apertar a mão", como disseram, "do *Spray*". Ninguém mais teve receio de subir a bordo, exceto aquela pobre senhora, que continuou defendendo que o *Spray* tinha trazido o Anticristo, se é que ele já não havia desembarcado. O governador presidiu aquela noite e, gentilmente, convidou o "destruidor do mundo" para falar por si mesmo. Isso foi feito, elaborando muito efusivamente sobre os perigos do mar (em relação aos quais, à maneira de muitos meros mortais, minimizei o fato de havê-los superado); auxiliado também pelo aparato de luz e sombra, que exibia na parede imagens dos lugares e regiões visitados na viagem (muito diferentes das paisagens efetivamente vistas), e das pessoas vistas, selvagens e outras, frequentemente exclamando "Que mundo cruel!". Quando isso acabou, Sua Excelência, o governador, com palavras de gratidão, distribuiu moedas de ouro.

No dia seguinte, acompanhei Sua Excelência e a família em uma visita a San Gabriel, que ficava no interior, entre as montanhas. O bom abade de San Gabriel nos recebeu magnificamente no convento, e permanecemos até o dia seguinte como seus hóspedes. Quando eu estava de partida, o abade disse: "Capitão, qualquer que seja a sua religião, leve minha bênção, meu desejo é que você consiga terminar a sua viagem, e que Cristo Nosso Salvador esteja sempre consigo!". Às palavras deste bom homem, só pude dizer "Meu caro abade, se todos os religiosos fossem tão esclarecidos como o senhor, haveria menos sangue derramado no mundo!".

Em Rodrigues, pode-se encontrar toda conveniência para embarcar água pura e saudável em qualquer quantidade, pois o governador Roberts construiu um reservatório na serra, acima do vilarejo, e uma tubulação que vai até o cais, onde, por ocasião da minha visita, havia 5,5 pés de profundidade na maré alta. Outrora, usava-se água de poço, e passou a haver doenças decorrentes disso. Havia carne bovina em quantidade na ilha, e a preços módicos. Havia fartura de batata-doce, e era barata; o saco grande delas, que comprei por cerca de quatro xelins, para minha surpresa, se conservou bem. Simplesmente estoquei as batatas-doces no compartimento seco da chalupa. Das frutas, encontrei maior fartura de romãs; por dois xelins, obtive um saco grande delas, tantas quantas o burro conseguiu levar do pomar, aliás, plantado pela própria natureza.

CAPÍTULO XVII

No dia 16 de setembro, após oito dias relaxantes em Rodrigues, a terra da fartura em pleno mar, zarpei, e, no dia 19, cheguei a Maurício, ancorando em quarentena por volta do meio-dia. A chalupa foi rebocada mais tarde no mesmo dia pela lancha do doutor, depois que ele se deu por satisfeito de ter feito a inspeção da tripulação "toda" — ele parecia confuso até examinar os papéis, que mostravam a tripulação de um só homem de porto a porto ao longo de toda a viagem. Então, vendo que eu estava bem o suficiente para chegar tão longe sozinho, ele me deu alta sem mais delongas. Havia ainda outra visita oficial para que o *Spray* pudesse seguir mais adiante no porto. O governador de Rodrigues, que gentilmente me deu, além do correio co-mum, cartas particulares de apresentação para amigos, disse-me que eu deveria conhecer, antes de tudo, o senhor Jenkins, do serviço postal, um bom homem. "Como vai, senhor Jenkins!?", exclamei quando seu bote em-parelhou. "O senhor não me conhece", ele disse. "Por que não?", retruquei. "De onde veio a chalupa?", ele perguntou. "De uma volta ao mundo", afir-mei de forma solene. "E sozinho?", indagou surpreso. "Sim; por que não?", perguntei novamente. "E você me conhece?", ele questionou. "De três mil anos atrás", brinquei, "quando você e eu tínhamos empregos mais amenos do que os que temos agora", embora este fosse intenso. E continuei: "Na época, você era um Jenkinson, mas, se mudou de nome, não posso culpá-lo por isso!". Então, o senhor Jenkins, de alma tolerante, entrou no espírito da brincadeira, o que fez bem ao *Spray*, pois, por força da história contada, foi decidido que, se alguém subisse a bordo depois que escurecesse, o diabo o possuiria imediatamente. E, assim, pude deixar o *Spray* sem receio de ser roubado durante a noite. A cabine, na verdade, foi arrombada, mas isso foi feito à luz do dia, e os ladrões só conseguiram levar uma caixa de arenque defumado. "Tom" Ledson, um dos oficiais da capitania do porto, pegou-os em flagrante e mandou-os para a cadeia. Isso foi desencorajador para os larápios, pois temiam Ledson mais do que o próprio Satanás. Nem Mamode Hajee Ayoob, que era o sentinela diurno a bordo — até uma caixa cair dentro da cabine e ele levar um susto que o tirou do sério — podia ser encarregado de vigiar a chalupa à noite, ou mesmo depois que o sol se punha. "Sahib!", ele exclamou, "não há a menor necessidade", e o que ele disse me pareceu perfeitamente certo.

Em Maurício, onde fiz uma longa pausa, o *Spray* descansou suas asas, na estação do bom tempo. As dificuldades da viagem, se é que houve alguma, já haviam sido quase superadas, segundo cálculos de oficiais experientes; no entanto, eu ainda não conseguia esquecer que os Estados Unidos estavam muito distantes.

A boa gente de Maurício, para me deixar mais rico e mais feliz, montou no teatro de ópera o que denominaram *Ship Pantai*.[16] Era só convés, sem casco, esse navio, mas firme como uma igreja. Deram-me uso livre dele enquanto eu falasse sobre as aventuras do *Spray*. O excelentíssimo prefeito me apresentou a Sua Excelência, o governador, na cabine da popa do *Pantai*. Da mesma forma, fui apresentado outra vez ao nosso bom cônsul, general John P. Campbell, que também já havia me apresentado a Sua Excelência; fui me familiarizando e me vi disposto a refazer a viagem novamente. Como atravessei a história, eu dificilmente saberia dizer. Era uma noite quente, e eu seria capaz de enforcar o alfaiate que fez o paletó que usei na ocasião. O generoso governador viu que eu havia feito a minha parte tentando manobrar

---

16. Navio Galinha-d'angola ou Guiné. (N.T.)

como um homem em terra firme e me convidou para a Government House em Reduit, onde me encontrei entre amigos.

O *Spray* em Maurício.

Ainda era inverno ao largo do tempestuoso Cabo da Boa Esperança, mas as tempestades podiam assobiar à vontade por lá. Resolvi conhecer melhor a amena Maurício, visitando Rose Hill, Curipepe e outros lugares da ilha. Passei um dia com o velho senhor Roberts, pai do governador Roberts de Rodrigues, e com seus amigos, os reverendíssimos padres O'Loughlin e McCarthy. Na volta ao *Spray*, passamos pelo grande viveiro de flores, próximo a Moka, cujo proprietário, naquela mesma manhã, descobrira uma nova planta resistente que batizara de "Slocum", em minha homenagem, o que, segundo ele, já latinizava o nome, poupando-lhe o trabalho de adaptação do nome científico; e o bom botânico parecia contente por eu ter aparecido. Quantas coisas diferentes há em regiões distintas! Em Boston, Massachusetts, naquela época, um cavalheiro, segundo me disseram, pagou 30 mil dólares para batizarem uma flor com o nome de sua esposa, e nem era uma flor grande, enquanto a "Slocum", que surgiu sem eu precisar pedir, era maior que uma beterraba branca!

Fui recebido como um rei em Moka, assim como em Reduit e em outros lugares — onde sete mocinhas me esperavam, para as quais falei da minha incapacidade de retribuir a hospitalidade, exceto à minha maneira humilde, levando-as para um passeio na chalupa. "Pois era justamente isso que nós queríamos! Justamente!", exclamaram. "Mas, então, é só dizer quando querem ir", disse eu, modesto como um Moisés. "Amanhã mesmo!", uma delas disse e emendou para outra: "Titia, podemos ir, não é? Seremos boazinhas a semana inteira depois disso, titia! Diga que sim, titia querida!". Tudo isso depois de dizerem "amanhã"; pois as garotas em Maurício são, afinal, iguais às garotas nos Estados Unidos; e sua querida titia disse, assim como qualquer tia bondosa teria dito em meu próprio país: "Também vou!".

Eu me vi então em um dilema, pois me ocorrera que naquele mesmo "amanhã" eu deveria jantar com o capitão do porto, o capitão Wilson. No entanto, disse para mim mesmo: "O *Spray* vai rapidamente encontrar um mar agitado; essas mocinhas com certeza terão *mal de mer* e passarão por maus bocados, e assim conseguirei voltar a tempo do jantar, afinal". Mas que nada! Navegamos quase até perder de vista Maurício, e elas ali em pé, firmes, gargalhando, com o mar desabando no convés, enquanto eu, no leme, manobrava em busca dos piores vagalhões que conseguia encontrar, inventando histórias de serpentes marinhas e baleias para a tia. Mas ela, uma perfeita dama, depois que terminei minhas histórias de monstrengos, simplesmente abriu um cesto de provisões que havia trazido consigo, e nele havia o suficiente para uma semana de mar, pois eu mencionara antes meu sofrível serviço de bordo.

Quanto mais o *Spray* tentava deixar as mocinhas enjoadas, mais elas batiam palmas e diziam "Que delícia!" e "Que beleza! Como a chalupa desliza no embalo da onda!" e "Como a nossa ilha é linda desta distância!" e continuavam exclamando "Mais longe!". Já estávamos a quinze milhas ou mais da costa quando elas pararam de gritar para que eu as levasse a uma distância maior ainda. Aproveitei, então, e fiz com que a chalupa desse meia-volta; eu ainda tinha esperanças de voltar a Port Louis a tempo de manter meu compromisso. O *Spray* chegou à ilha rapidamente e navegou pela costa com bom desempenho; mas cometi o erro de passar perto demais do litoral no caminho para casa, e, quando avistamos Tombo Bay, minhas tripulantes ficaram fascinadas. "Oh, vamos ancorar aqui!", elas insistiram. Nenhum marinheiro no mundo diria não a esse tipo de pedido. A chalupa ancorou, dez minutos depois, conforme o desejo delas, e um rapaz que apareceu na falésia, acenando com o chapéu, gritou *Vive la Spray!*". Uma das minhas passageiras disse, então: "Titia, podemos nadar até a praia, não é?". Nesse exato momento, a lancha do capitão do porto apareceu, vinha ao nosso encontro; mas aí já havia ficado tarde para que eu levasse a chalupa até Port Louis naquela noite. A lancha chegou a tempo, contudo, para levar minha bela tripulação para nadar; mas as mulheres estavam decididas a não desertar de vez da chalupa. Nesse meio-tempo, preparei, com as velas, um toldo para passar a noite no convés, e um criado bengali preparou o jantar. Nessa noite, o *Spray* ancorou em Tombo Bay com sua preciosa carga. Na manhã seguinte, bem clara, bem cedo, antes mesmo de sumirem as estrelas, acordei ouvindo orações no convés.

A lancha dos oficiais da capitania do porto reapareceu mais tarde naquela manhã, dessa vez com o próprio capitão Wilson a bordo, para tentar rebocar o *Spray* até o porto, pois ele ficara sabendo do nosso contratempo. Foi bom ouvir um amigo contar depois como o bom capitão do porto de Maurício dissera enfaticamente "Vou encontrar o *Spray* e rebocá-lo até o porto!". Ele encontrou uma tripulação animada a bordo da chalupa. Elas eram capazes de içar velas como marujos tarimbados, e sabiam rizar também. Sabiam explicar todos os detalhes do barco, e foi uma beleza ver uma delas rizar a bujarrona. Como as mais tarimbadas das marujas de alto-mar, elas poderiam ter ido na frente, e — como espero voltar a Maurício! — qualquer uma delas saberia fixar a mastreação da chalupa. Nenhum navio jamais teve tripulação mais bela.

A viagem virou o acontecimento de Port Louis; mocinhas velejando à vontade pelo porto era algo que quase nunca se vira.

Enquanto fiquei em Maurício, o *Spray* teve direito a usar a doca militar sem custos, e as autoridades portuárias o reformaram por completo. Minha sincera gratidão também se deve a outros amigos, por muitos itens necessários à viagem levados a bordo, inclusive sacos de açúcar de alguns famosos engenhos.

A estação favorável então começou, e, bem-equipado, o *Spray* zarpou em 26 de outubro. Conforme soprava um vento brando pela popa, a ilha lentamente ficava para trás, e, no dia seguinte, pude avistar o polegar montanhoso de Le Puce, perto de Moka. Mais um dia se passou até que o *Spray* chegasse ao largo de Galets, em Reunião, e um piloto veio falar comigo. Entreguei-lhe meus jornais de Maurício e continuei minha viagem, pois as ondas arrebentavam com força, e seria impraticável desembarcar naquela hora. De Reunião, tracei um curso direto até o Cabo Santa Maria, em Madagascar.

A chalupa agora se aproximava dos limites da zona dos alísios, e a forte brisa que a levara a todo pano por milhares de milhas desde Sandy Cape, na Austrália, foi ficando mais branda até 30 de outubro, quando se acalmou totalmente, e um mar parado deteve o *Spray* em um mundo de sossego. Eu dobrei as velas ao anoitecer, sentei-me no convés e desfrutei a vasta quietude da noite.

No dia 31 de outubro, uma brisa leve de lés-nordeste começou, e a chalupa passou pelo Cabo Santa Maria por volta do meio-dia. Nos dias 6, 7, 8 e 9 de novembro, no Canal de Moçambique, passamos por um forte vendaval de sudoeste. Ali o *Spray* sofreu mais do que em qualquer outro lugar, exceto quando ao largo do Cabo Horn. Os trovões e os raios que antecederam o vendaval foram muito intensos. Desse ponto em diante, até a chalupa chegar à costa da África, encontramos uma sucessão de vendavais que nos levou em muitas direções; mas, em 17 de novembro, chegamos a Port Natal.

Esse lugar delicioso é o centro comercial da "Colônia Jardim", a própria cidade de Durban sendo a continuação de um jardim. O faroleiro da estação relatou a chegada do *Spray* quinze milhas antes. O vento estava fresco, e, quando chegamos a oito milhas, o faroleiro disse: "O *Spray* está rizando as velas; a vela mestra foi rizada em dez minutos. Um homem apenas faz todo o trabalho!".

Essa notícia foi publicada três minutos depois em um matutino de Durban, que me foi entregue quando cheguei ao porto. Não consegui verificar o tempo que levei para rizar a vela, pois, como já disse, o ponteiro dos minutos do meu cronômetro não funcionava mais. Só sei que foi o mais depressa que pude.

O mesmo jornal, comentando a viagem, publicou: "A julgar pelas tempestades que têm atingido nosso litoral nas últimas semanas, o *Spray* deve ter feito uma viagem tempestuosa de Maurício a Natal". Sem dúvida, o tempo teria sido considerado tempestuoso para marinheiros em qualquer barco, mas esse tempo não causou ao *Spray* mais inconvenientes do que o atraso natural que ventos contrários geralmente ocasionam.

A questão, por muitas vezes repetida, de como conduzi a chalupa sozinho talvez tenha obtido sua melhor resposta em um jornal de Durban. Se não houvessem sido feitas estimativas indevidas da quantidade de habilidade e da energia necessária para se velejar numa chalupa, mesmo com a pequena tonelagem do *Spray*, eu evitaria repetir as palavras do editor. Ouvi um homem que se dizia marinheiro mencionar, a meu respeito e sobre a viagem, que "seria preciso três homens para fazer o que ele alega ter feito sozinho", e ele se referia àquilo que eu tinha achado muito fácil fazer diversas e diversas vezes. Escutei outros comentários absurdos semelhantes, inclusive que duvidavam de que eu pudesse estar vivo se tivesse trabalhado tanto. Mas eis o que dizia o jornal de Durban:

> Conforme mencionamos brevemente ontem, o *Spray*, tripulado por um só homem, chegou a este porto ontem à tarde em sua viagem ao redor do mundo. O *Spray* fez uma entrada bastante auspiciosa em Natal. O comandante conduziu sua embarcação diretamente pelo canal, passou com ela pelo cais principal e ancorou-a perto do velho *Forerunner*, no rio, antes que qualquer um tivesse oportunidade de subir a bordo. O *Spray* tornou-se,

naturalmente, objeto de grande curiosidade dos moradores de Point, e uma grande multidão testemunhou sua chegada. O modo habilidoso como o capitão Slocum manobrou sua chalupa entre as outras embarcações que ocupavam o canal foi um privilégio de se presenciar.

O *Spray* não estava navegando entre novatos quando aportou em Natal. Quando chegamos ao largo do porto, o palhabote, um belo e potente rebocador a vapor, veio ao nosso encontro e mostrou o caminho para que atravessássemos a barra, pois havia um vento forte soprando, e o mar estava agitado demais para que a chalupa fosse rebocada com segurança. Aprendi o truque para entrar observando o vapor; era simplesmente uma questão de se manter no lado de barlavento do canal e aproveitar quando as ondas estouravam.

Capitão Joshua Slocum.

Descobri que Durban mantinha dois clubes de iatismo, ambos muito ativos. Conheci todos os membros dos dois clubes e passeei no elegante iate *Florence*, da marinha britânica em Natal, com o capitão Spradbrow e o honorável Harry Escombe, conselheiro real na colônia. O patilhão do iate escavara sulcos nas margens barrentas, onde, segundo o senhor Escombe, Spradbrow depois plantara batatas. O *Florence*, no entanto, ganhou regatas enquanto esteve na terra dos pilotos. Após nosso passeio no *Florence*, o senhor Escombe se ofereceu para conduzir o *Spray* no contorno do Cabo da Boa Esperança para mim e propôs seu famoso tabuleiro de *cribbage* para matarmos o tempo. Spradbrow, por sua vez, alertou-me. Ele disse "Você será dilapidado de sua chalupa antes de conseguir contornar o cabo!". Outros não acharam provável que o conselheiro real de Natal fosse jogar *cribbage* ao largo do Cabo da Boa Esperança para ganhar o *Spray*.

Foi motivo de orgulho para mim, na África do Sul, encontrar o humor americano em alta, e uma das melhores histórias americanas que já ouvi foi contada pelo conselheiro real. No Hotel Royal, um dia, jantando com o coronel Saunderson, membro do parlamento, seu filho e o tenente Tipping, conheci o senhor Henry Stanley. O grande explorador havia acabado de chegar de Pretória, e já havia dilapidado o presidente Paul Krüger com sua pena cortante. Mas isso não era grande coisa, pois todo mundo já dera uma mordida no *Oom* Paul, e ninguém parecia levar melhor uma piada do que ele, nem mesmo o próprio sultão da Turquia. O coronel me apresentou ao explorador, e eu me mantive à bolina cerrada, para ir devagar, pois o senhor Stanley um dia também foi um homem náutico — creio que em Nyanza —, e, é claro, minha intenção era aparecer sob as luzes mais favoráveis diante de um homem com a sua experiência. Ele me examinou com cuidado e disse "Que paciência exemplar a sua!", ao que me arrisquei a responder: "A paciência é a única virtude necessária!". Ele então me perguntou se meu barco continha compartimentos secos. Expliquei-lhe que a chalupa era inteiramente um compartimento seco, toda ela calafetada. "E se você bater em uma pedra?", ele perguntou. "Compartimentos secos não a salvariam nesse caso", eu disse, e completei: "Por isso, devo sempre mantê-la longe das pedras!". Após uma pausa considerável, o senhor Stanley me perguntou "E se um peixe-espada perfurar o casco?". Evidentemente, eu já havia pensado que esse era um dos riscos do mar, assim como a possibilidade de ser atingido por um raio. No caso do peixe-espada, arrisquei dizer que "a primeira coisa a fazer seria manter a espada no furo". O coronel me convidou para jantar com o grupo no dia seguinte, para que pudéssemos continuar o assunto, e assim tive o prazer de me encontrar com o senhor Stanley uma segunda vez, mas dessa vez não houve mais perguntas náuticas por parte do famoso explorador.

É estranho ouvir estudiosos e estadistas dizerem que a terra é plana; mas é fato que três bôeres apoiados pelo presidente Krüger prepararam uma obra para defender essa alegação. Enquanto estive em Durban, eles vieram de Pretória para obter dados comigo, e pareceram contrariados quando eu lhes disse que aquilo não se comprovara pela minha experiência. Aconselhado a evocar algum espírito da idade das trevas, desembarquei e deixei esses três sábios estudando o curso do *Spray* em uma carta náutica do mundo, que, no entanto, não provou nada para eles, pois era uma projeção de Mercator, que, de fato, era um "planisfério". Na manhã seguinte, encontrei-me com um dos membros do grupo, que usava um traje de clérigo e carregava consigo uma grande Bíblia, não diferente daquela que eu havia lido. Ele me abordou dizendo "Se você respeita a palavra de Deus, deve admitir que a Terra é plana!". "Se a palavra de Deus depende de uma terra plana...", comecei. "O quê?!", exclamou ele, perdendo a calma, como se fosse me furar com uma zagaia. "O quê?!", ele berrou com perplexidade e fúria, enquanto eu dei um salto para o lado para me desviar da arma imaginária. Se esse bondoso, porém equivocado, fanático estivesse realmente armado, a tripulação do *Spray* teria morrido como um mártir naquele exato momento e naquele local. No dia seguinte, vendo-o do outro lado da rua, fiz uma mesura e um gesto com as mãos. Ele respondeu com um movimento horizontal das mãos, espalmadas para baixo, querendo dizer "a Terra é plana". Um panfleto desses geógrafos do Transvaal, forjado com argumentos de todos os tipos de fontes para comprovar sua teoria, foi enviado para mim antes de eu zarpar da África no último trecho de minha viagem ao redor do mundo.

Embora eu tenha retratado parcamente a ignorância desses estudiosos, tenho grande admiração por sua virilidade física. Muito do que vi no Transvaal e entre bôeres foi admirável. É notório que eles são os combatentes mais duros e tão generosos com os derrotados quanto corajosos diante dos inimigos. Uma intolerância realmente obstinada entre eles só se encontra entre velhos conservadores, e morrerá naturalmente, e isso também talvez ocorra muito antes de nós mesmos nos livrarmos da intolerância. A educação no Transvaal não é de modo algum negligenciada, com o inglês e o holandês sendo igualmente ensinados a quem puder pagar por ambos; mas as tarifas sobre livros escolares ingleses é pesada, e, por necessidade, as pessoas mais pobres se limitam ao holandês do Transvaal e a seu terraplanismo, assim como, em Samoa e outras ilhas, uma política equivocada limitou os nativos ao canaca.[17]

Visitei muitas escolas públicas em Durban e tive o prazer de encontrar muitas crianças brilhantes.

Mas tudo o que é bom termina, e, no dia 14 de dezembro de 1897, a "tripulação" do *Spray*, depois de uma boa temporada em Natal, recolheu o bote ao convés e zarpou com terral pela manhã, o que nos levou para além da barra, e novamente a chalupa estava "sozinha em alto-mar", como eles dizem na Austrália.

---

17. Os canacas compõem um povo indígena da Nova Caledônia e de outras ilhas da Melanésia (no Pacífico). Aqui, certamente o autor se referia à língua canaca. (N.E.)

CAPÍTULO XVIII

O Cabo da Boa Esperança era agora o ponto mais proeminente a ser ultrapassado. A partir de Table Bay, comecei a contar com o auxílio dos alísios bruscos, e, depois disso, o *Spray* estaria logo em casa. No primeiro dia depois que zarpei de Durban, o tempo estava calmo, e fiquei sentado pensando nessas coisas e no final da viagem. A distância até Table Bay, que eu pretendia visitar, era de cerca de mil e oitocentas milhas em um mar que podia se revelar bravio. Os primeiros navegadores portugueses, dotados de paciência, ficaram mais de 69 anos lutando para contornar o Cabo até conseguirem chegar a Algoa Bay, e ali a tripulação se amotinou. Desembarcaram em uma ilhota, hoje chamada Santa Cruz, onde devotamente ergueram um cruzeiro, e juraram que cortariam a garganta do capitão se ele tentasse seguir adiante. Depois dali, eles achavam que era o limite da Terra, que eles também pensavam ser plana; e, temendo que o navio fosse cair no abismo, obrigaram o capitão Dias, seu comandante, a retraçar seu curso, satisfeitos por voltarem para casa. Um ano depois, segundo nos contam, Vasco da Gama passou com sucesso para além do "Cabo das Tormentas", como o Cabo da Boa Esperança era chamado na época, e descobriu Natal na véspera ou no próprio dia de Natal; daí o nome. A partir desse ponto, o caminho para a Índia foi fácil.

Os vendavais vinham varrendo o Cabo com frequência, em média um a cada 36 horas; mas os vendavais eram todos muito parecidos, sem resultados mais sérios para o *Spray* em seu curso quando vinham pela popa, ou fazendo-nos retroceder um pouco quando vinham pela proa. No dia de Natal de 1897, cheguei à ponta do Cabo. Nesse dia, o *Spray* pareceu que ia virar e me deu todos os motivos para acreditar que conseguiria realizar esse feito antes de anoitecer. A chalupa começou logo cedo pela manhã a adernar e guinar do modo mais incomum, e devo registrar que a chalupa chegou, quando eu estava na ponta do gurupés rizando a bujarrona, a me jogar no mar três vezes, como presente de Natal. Fiquei molhado e não gostei nem um pouco: nunca, em nenhum mar, fiquei embaixo d'água mais de uma vez, no curto intervalo de tempo, digamos, de três minutos. Um grande vapor inglês, nesse momento, emitiu um sinal, como "votos de feliz Natal". Acho que o capitão era algum humorista; seu navio estava com a hélice quebrada na doca seca.

Dois dias depois, o *Spray*, assim que recuperou a distância perdida no vendaval, passou pelo Cabo Agulhas em companhia do vapor *Scotsman*, então com bom vento. O faroleiro de Agulhas trocou sinais com o *Spray* quando passamos e, depois, me escreveu para me parabenizar, quando eu estava em Nova York, pela conclusão da viagem. Pelo visto, ele achou a casualidade de dois barcos de tipos tão diferentes passando por seu Cabo ao mesmo tempo digna de figurar em uma pintura e seguiu em frente com o quadro na cabeça. Foi o que depreendi de sua carta. Em portos solitários como esse, os corações ficam mais sensíveis e solidários, e até poéticos. Esse sentimento foi demonstrado ao *Spray* por muitos litorais recortados, e a chalupa recebeu muitos sinais simpáticos que transmitiam um sentimento de gratidão por todo o mundo.

Mais um vendaval caiu sobre o *Spray* vindo de oeste quando passamos o Cabo Agulhas, mas este evitamos entrando em Simons Bay. Quando este vendaval amenizou, a chalupa contornou o Cabo da Boa Esperança, onde dizem que o Holandês Voador navega até hoje. Dali em diante, era como se a viagem estivesse terminada; a partir desse momento, eu sabia que tudo, ou quase tudo, seria mais fácil de navegar.

Aqui cruzei a linha divisória do clima. Para o norte, era claro e firme, enquanto, para o sul, úmido e tempestuoso, além de, amiúde, como eu disse, ocorrer um vendaval traiçoeiro. Depois daquele último tempo pesado, o *Spray* avançou em meio a um tempo calmo, em direção a Table Mountain; e lá a montanha jazia serena, até que o Sol generoso se ergueu sobre a terra e arrastou uma brisa vinda do mar.

O rebocador a vapor *Alert*, àquela altura patrulhando embarcações, veio até o *Spray* ao largo de Lion's Rump, e, em vez de um navio maior, rebocou a chalupa até o porto. Com o mar liso, a chalupa ancorou na baía diante da Cidade do Cabo, onde permaneci por um dia, simplesmente esperando passar a agitação do comércio. O bom capitão do porto enviou sua lancha a vapor para levar a chalupa à doca imediatamente, mas preferi ficar um dia sozinho, no sossego daquele mar liso, aproveitando para recapitular a travessia dos dois grandes cabos. Na manhã seguinte, o *Spray* passou à doca seca na orla de Victoria and Alfred, onde a chalupa ficou cerca de três meses, aos cuidados das autoridades portuárias, enquanto viajei pelo interior de Simons Town a Pretória, com um passe livre ferroviário para todo o território que recebi do governo colonial.

A viagem até Kimberley, Joanesburgo e Pretória foi agradável. Nesta última cidade, encontrei o senhor Krüger, presidente do Transvaal. Sua Excelência me recebeu cordialmente; mas meu amigo, o juiz Beyers, o cavalheiro que me apresentou ao outro, mencionando que eu estava em uma viagem ao redor do mundo, inadvertidamente cometeu uma grande ofensa ao venerável estadista, o que ambos lamentamos profundamente. O senhor Krüger corrigiu o juiz de modo um tanto ríspido, lembrando-o de que a Terra era plana. "Você não quis dizer *ao redor* do mundo!", disse o presidente. "Isso é impossível!", e continuou: "Você deve estar querendo dizer *no* mundo. Impossível!", ele disse. "Impossível!" E nenhuma outra palavra ele dirigiu ao juiz ou a mim. O juiz olhou para mim, eu olhei para o juiz, que devia saber onde pisava, digamos assim, e o senhor Krüger faiscava de raiva pelos olhos. Meu amigo juiz ficou constrangido, mas eu achei muita graça; esse incidente me agradou mais do que qualquer outra coisa que poderia ter acontecido. Foi uma pérola extraída de *Oom* Paul, cujas frases são proverbiais. Sobre os ingleses, ele teria dito

"Primeiro, eles me levaram o casaco, depois, as calças!". Ele teria dito também "A dinamite é a pedra fundamental da República Sul-Africana!". Apenas pessoas insensatas consideram o presidente Krüger obtuso.

Cartum impresso no "Owl" da Cidade do Cabo, em 5 de março de 1898, cujo tema era uma questão sobre a viagem do capitão Slocum à Pretória.

Pouco depois da minha chegada ao Cabo, o amigo do senhor Krüger, o coronel Saunderson,[18] que havia chegado de Durban algum tempo antes, convidou-me para ir a Newlands Vineyard, onde encontrei muitas pessoas simpáticas. Sua Excelência, o senhor Alfred Milner, o governador, arranjou tempo para participar do grupo. E ele, após inspecionar o convés, encontrou assento em uma caixa em minha cabine; *lady* Muriel sentou-se em um barril, e *lady* Saunderson sentou-se junto ao piloto, diante do leme, enquanto o coronel, com sua Kodak, no bote, tirou fotos da chalupa e de seus distintos visitantes. O doutor David Gill, astrônomo real, que fazia parte do grupo, convidou-me, no dia seguinte, para irmos ao Observatório. Uma hora com o

---

18. O coronel Saunderson era o melhor amigo do senhor Krüger, a ponto de aconselhar o presidente a evitar montar e desmontar armas. (N.T.)

doutor Gill foi uma hora entre as estrelas. Suas descobertas em fotografia estelar são bastante conhecidas. Ele me mostrou o grande relógio astronômico do observatório, e eu mostrei a ele o cronômetro de lata a bordo do *Spray*, e conversamos sobre a questão da hora padrão no mar, e como eu estimava essa hora no convés da pequena chalupa sem o auxílio de nenhum tipo de relógio. Mais tarde, foi anunciado que o doutor Gill presidiria uma conferência sobre a viagem do *Spray*: só isso já me garantiu casa cheia. O salão estava lotado, e muita gente não conseguiu entrar. Esse sucesso me trouxe dinheiro suficiente para todas as minhas necessidades no porto e na viagem para casa.

Depois de visitar Kimberley e Pretória, e confirmando que o *Spray* estava bem nas docas, voltei a Worcester e Wellington, cidades famosas pelas faculdades e pelos seminários, pelos quais passei, e continuei viajando como convidado da colônia. As senhoritas nessas instituições de ensino quiseram saber como alguém dá a volta ao mundo sozinho em um veleiro, interesse que julguei prenunciar futuras navegadoras, em vez de navegadores. Isso vai acabar acontecendo se os homens continuarem dizendo que "isso é impossível".

Nas planícies da África, atravessei centenas de milhas de terras férteis, porém desertas, exceto de arbustos, onde rebanhos de ovelhas pastavam. Esses arbustos cresciam separados uns dos outros pela extensão de uma ovelha, e estas, pareceu-me, eram um tanto graúdas; mas ainda assim havia espaço para todas. Minha saudade da terra firme bateu forte onde havia tanta terra deserta; mas, em vez de ficar por lá para plantar florestas e retomar a vegetação, voltei novamente ao *Spray*, nas docas do príncipe Alfred, onde encontrei a chalupa esperando por mim, com tudo em ordem, exatamente como eu a deixara.

Muitas vezes me perguntaram como meu barco e todos os seus pertences não eram roubados nos diversos portos onde atraquei durante dias sem nenhum sentinela encarregado. Isso simplesmente foi assim: o *Spray* raramente atracou entre ladrões. Nas Ilhas Keeling, em Rodrigues, e em muitos desses lugares, um fiapo de fibra de coco na porta, para indicar que o dono havia saído, protegia todos os bens contra os olhares cobiçosos. Mas, quando vim para uma ilha grande mais perto de casa, cadeados mais robustos foram necessários; na primeira noite no porto, itens que sempre foram deixados a descoberto desapareceram, como se o convés onde estavam armazenados tivesse sido varrido pelas ondas.

O CAPITÃO SLOCUM, O SENHOR ALFRED MILNER (COM O CHAPÉU ALTO) E O CORONEL M. P. SAUNDERSON NA PROA DO *SPRAY* NA CIDADE DO CABO.

Uma agradável visita do almirante, senhor Harry Rawson, da Marinha Real, e sua família, encerrou as relações sociais do *Spray* com o Cabo da Boa Esperança. O almirante, que então comandava o Esquadrão Sul-Africano, e hoje comanda a grande frota do canal, demonstrou o maior interesse no diminuto *Spray* e em seu desempenho ao largo do Cabo Horn, do qual ele não era um total desconhecido. Devo admitir que adorei a linha das perguntas do almirante Rawson e que aproveitei algumas de suas sugestões, não obstante a ampla diferença de nossos respectivos comandos.

No dia 26 de março de 1898, o *Spray* zarpou da África do Sul, terra das distâncias e do ar puro, onde passei uma temporada aprazível e lucrativa. O rebocador a vapor *Tigre* levou a chalupa até o mar, desde as docas do príncipe Alfred até uma boa distância da costa. A brisa leve da manhã, que mal enchia suas velas quando o rebocador soltou o cabo, logo passou de uma vez e nos deixou em uma ondulação pesada, bem diante da Table Mountain e dos altos picos do Cabo da Boa Esperança. Durante algum tempo, o grandioso cenário serviu para atenuar a monotonia. Um dos antigos circum-navegadores (creio que o senhor Francis Drake), quando avistou pela primeira vez esse magnífico relevo, teria bradado "É a coisa mais bela e o maior cabo que já vi em toda a circunferência da Terra!".

A paisagem certamente era bela, mas ninguém gosta de ficar muito tempo olhando calmamente para nada, e fiquei contente ao perceber, finalmente, o mar se agitar aos poucos, prenúncio do vento que começou a soprar no segundo dia. As focas brincando em volta do *Spray* o dia inteiro, antes da chegada da brisa, olharam de olhos arregalados, ao anoitecer, quando a chalupa não ficou mais parada como uma ave preguiçosa de asas recolhidas. Elas se dispersaram, então, e o *Spray* logo navegou diante dos picos mais altos das montanhas que sumiam ao longe, e o mundo mudou de mera vista panorâmica para a luz de uma viagem de volta para casa. Toninhas e golfinhos, e até mesmo alguns peixes, não se importavam de nadar cento e cinquenta milhas em um dia, e foram meus companheiros durante dias a fio. O vento vinha de sudeste; isso foi bom para o *Spray*, e a chalupa correu constantemente à velocidade máxima, enquanto eu mergulhava nos novos livros que me deram no Cabo, lendo noite e dia. O dia 30 de março, para mim, foi de jejum em homenagem a esses livros. Li, esquecido do vento e do mar, pensando que tudo corria bem, quando, de repente, um vagalhão cobriu a proa e entrou com impertinência na cabina, molhando justamente o livro que eu estava lendo. Evidentemente, era hora de rizar velas para que a chalupa não se desviasse de seu curso.

LENDO DIA E NOITE.

No dia 31 de março, um vento fresco de sudeste veio para ficar. O *Spray* corria com a vela mestra rizada, a bujarrona inteira, e uma giba, içada em um bambu de Vailima, enquanto eu lia a deliciosa *Viagem de canoa* de Stevenson. A chalupa novamente trabalhando com desembaraço, quase sem arrasto, mas simplesmente saltando entre outros cavalos brancos, e mil toninhas brincalhonas nos fizeram companhia por todos os lados. Outra vez a chalupa estava entre seus velhos amigos, os peixes-voadores, curiosos moradores do mar. Saltando das ondas como flechas, e de asas abertas, eles navegavam no vento em graciosas curvas; depois, desciam até tocar a crista das ondas para molhar as delicadas asas e retomar o voo. Os peixes-voadores tornaram alegre o dia longo. Uma visão feliz em pleno oceano, em um dia claro, é o voo contínuo desses peixes interessantes.

Era impossível ficar sozinho em um mar assim. Além do mais, a leitura das deliciosas aventuras dava destaque ao cenário. Eu estava agora no *Spray* e, ao mesmo tempo, no Rio Oise, a bordo da *Arethusa*. E, assim, o *Spray* percorreu milhas, mostrando bom desempenho a cada dia até 11 de abril, que chegou quase sem que eu percebesse. Muito cedo, naquela manhã, fui acordado por uma ave rara, o *booby* ou atobá, com seu grasnido brusco, que reconheci assim que subi ao convés; era como se ele dissesse "Piloto, há terra à vista!". Virei-me rapidamente, e, sem dúvida, lá adiante, na luz crepuscular, a cerca de vinte milhas, estava Santa Helena.

Meu primeiro impulso foi gritar "Ora, mas que ponto de poeira no meio do mar!". Ela tem, na verdade, 9 milhas de extensão e 2.823 pés de altura. Estiquei o braço, tirei a garrafa de vinho do Porto do armário e dei um longo gole, à saúde do meu piloto invisível — o capitão da caravela *Pinta*.

CAPÍTULO XIX

Era quase meio-dia quando o *Spray* ancorou ao largo de Jamestown, e "toda a tripulação" desembarcou para prestar seu respeito à Sua Excelência, o governador da ilha, senhor R. A. Sterndale. Sua Excelência, quando desembarquei, comentou que não era comum, hoje em dia, que um circum-navegador passasse por ali, então, cordialmente me deu as boas-vindas e organizou eventos para que eu falasse sobre a viagem, primeiro no Garden Hall, para o povo de Jamestown, e depois na Plantation House — residência do governador, que fica nas montanhas, a uma ou duas milhas da vila —, para Sua Excelência e os oficiais da guarnição e seus amigos. O senhor Poole, nosso valoroso cônsul, apresentou-me no castelo e, segundo comentou, garantiu que esta serpente marinha era um ianque.

Com ainda mais pompa real, a tripulação do *Spray* foi recebida pelo governador. Permaneci na Plantation House por dois dias, e, em um dos quartos da mansão, chamado de "quarto oeste", supostamente assombrado, o mordomo, por ordem de Sua Excelência, instalou-me — como um príncipe. A bem dizer, para garantir que nenhum erro tivesse sido cometido, Sua Excelência veio depois para verificar se eu estava instalado no quarto certo e para me contar sobre os fantasmas que ele tinha visto ou ouvido. Ele havia desmascarado todos, com exceção de um, e, desejando-me bons sonhos, disse que esperava que eu tivesse a honra de uma visita do fantasma desconhecido do quarto oeste. Pelo resto daquela noite de calafrios, deixei a vela acesa, e a todo instante espiava por baixo das cobertas, pensando que talvez pudesse encontrar o grande Napoleão frente a frente; mas vi apenas a mobília e uma ferradura que estava pregada sobre a porta diante da minha cama.

Santa Helena se tornou uma ilha de tragédias — tragédias que se perderam de vista diante das lamúrias pelo famoso exilado corso. No segundo dia da minha visita, o governador me levou para passear de carruagem pelas estradas da ilha. A certa altura de nosso passeio, a estrada, que serpenteava por desvios e ravinas, formou um perfeito W, a pouca distância. As estradas, embora tortuosas e íngremes, eram bastante boas, e fiquei impressionado com a quantidade de trabalho que devem ter dispendido para construí-las. O ar da montanha estava fresco e estimulante. Dizem que, depois que os enforcamentos por crimes leves saíram de moda, ninguém mais morreu ali, exceto velhos que caíram do penhasco ou pessoas esmagadas por pedras que desabavam das montanhas! As bruxas outrora foram persistentes em Santa Helena, como nos Estados Unidos na época de Cotton Mather. Hoje em dia, os crimes são raros na ilha. Enquanto estive ali, o governador Sterndale, em reconhecimento ao fato de nenhum caso criminal ter sido levado à justiça no período de um ano, foi presenteado com um par de luvas brancas pelos oficiais de justiça.

Na volta da casa do governador para Jamestown, viajei com o senhor Clark, meu compatriota, até Longwood, a residência de Napoleão. O senhor Morilleau, agente consular francês encarregado, mantém o lugar em condições respeitáveis e a casa em ordem. Sua esposa e suas filhas adultas, sua família em Longwood, são nativas de modos corteses e refinados, e passam ali dias, meses e anos de contentamento, embora nunca tenham visto o mundo além do horizonte de Santa Helena.

No dia 20 de abril, o *Spray* estava novamente pronto para o mar. Antes de embarcar, almocei com o governador e sua família no castelo. *Lady* Sterndale havia enviado um bolo de frutas grande, bem cedo pela manhã, da Plantation House, para eu levar na viagem. Era um bolo grande de camadas, e eu o comi com parcimônia, segundo me pareceu, embora o bolo não tenha durado o tanto que eu esperava. Comi o último pedaço com minha primeira xícara de café em

Antígua, nas Índias Ocidentais, o que, afinal, foi uma verdadeira proeza. O bolo que minha irmã fez para mim na ilhota na Baía de Fundy, no início da viagem, durou praticamente o mesmo tanto, a saber, quarenta e dois dias.

Depois do almoço, a mala postal da Coroa foi preparada para minha travessia até Ascensão, a próxima ilha em meu caminho. Então, o senhor Poole e sua filha foram visitar o *Spray* para se despedir, levando-me um cesto de frutas. Só mais tarde, ao anoitecer, levantei âncora e zarpei para oeste, lamentando deixar ali meus novos amigos. Mas ventos frescos encheram as velas da chalupa novamente, e observei a luz do farol da Plantation House, o sinal de despedida do governador para o *Spray*, até que as ilhas sumiram na escuridão à popa e se uniram à noite, e, à meia-noite, a própria luz desapareceu abaixo do horizonte.

Quando chegou a manhã, não havia mais terra à vista, mas o dia prosseguiu como os dias anteriores, exceto por um pequeno incidente. O governador Sterndale me dera um saco de café com casca, e Clark, o americano, em um momento não muito auspicioso, levara um bode a bordo, "para dar cabeçadas no saco até tirar o café da casca". Ele insistiu que o animal, além de útil, me faria companhia, como um cachorro. Logo descobri que meu companheiro de vela, aquela espécie de cão com chifres, precisava ser perfeitamente amarrado. Meu erro foi não acorrentar o bode ao mastro, mas amarrá-lo com corda de cânhamo, com nós menos seguros, e isso aprendi na prática. Com exceção desse primeiro dia, suficiente para que o animal adaptasse suas patas ao convés, não tive mais paz de espírito. Depois disso, possuído por um espírito talvez nascido de suas pastagens, aquela encarnação do mal ameaçou devorar tudo o que havia a bordo, da giba à serviola. Esse bode foi o pior pirata que encontrei em toda a viagem. Ele começou a depredação devorando minha carta náutica das Índias Ocidentais, na cabine, um dia, enquanto eu trabalhava perto da proa e pensava que a criatura estivesse presa no convés. Ai! Não havia cabo ou corda na chalupa capaz de resistir aos pavorosos dentes do bode!

Estava claro desde o início que eu não tinha sorte com animais a bordo. Antes havia sido o caranguejo das Ilhas Keeling. Assim que o caranguejo passou a garra pela portinhola de sua gaiola, meu casaco de marinheiro, pendurado a seu alcance, foi feito em farrapos. Estimulado por essa proeza, o caranguejo arrombou a gaiola e escapou, rasgando tudo o que encontrou, a ponto de ameaçar minha vida na cabine escura. Cheguei a ter esperanças de levar a criatura viva para casa, mas isso se provou impossível. Agora era o bode que devorava meu chapéu de palha, de modo que, quando cheguei ao porto, não tinha nada para usar na cabeça. Este último golpe cruel decidiu o destino do bode. No dia 27 de abril, o *Spray* chegou em Ascensão, ilha protegida pela tripulação de um navio da marinha, e o contramestre subiu a bordo. Quando ele estava saindo de seu bote, o bode rebelde saltou em sua direção, atacou o contramestre e a tripulação. Pedi que eles levassem aquele bode desgraçado para a ilha, o que eles prontamente se dispuseram a fazer, e lá o bode caiu nas mãos de um excelente escocês, com grande chance de nunca mais conseguir escapar. Eu estava destinado a navegar rumo às profundezas da solidão mais uma vez, mas essas experiências não tiveram sobre mim nenhum efeito prejudicial; pelo contrário, um espírito de caridade, e até de benevolência, ficou mais forte dentro da minha natureza, através de meditações, nessas horas supremas no mar.

Na solidão das desoladas regiões ao redor do Cabo Horn, não me senti à vontade para tirar nenhuma vida neste mundo, exceto em defesa própria, e, conforme eu navegava, esse aspecto eremita cresceu em mim, a ponto de a mera menção da morte de animais para comer se tornar revoltante para mim. Muito embora tenha desfrutado de um cozido de galinha mais tarde, em Samoa, um novo eu se rebelou diante da sugestão de levar galinhas a bordo para servir à mesa durante a viagem, e a senhora Stevenson, ouvindo meu protesto, concordou comigo que matar companheiros de viagem e comê-los depois seria, de fato, algo quase equivalente a assassinato e canibalismo.

Quanto aos animais de estimação, não havia espaço para um cachorro grande e nobre no *Spray* durante uma viagem muito longa, e os pequenos filhotes, durante muitos anos, eu os associei à hidrofobia. Testemunhei a morte de um jovem alemão dessa pavorosa doença, e, na época, ouvi falar da morte, também por hidrofobia, de um jovem cavalheiro que havia acabado de contratar para mim uma apólice de seguro em sua companhia. Presenciei uma tripulação inteira de um navio subir nos mastros para escapar de cães hidrófobos que os atacavam no convés. Seria impossível, pensei, para a tripulação do *Spray*, assumir esse risco canino, e, com esses preconceitos indelevelmente estampados em minha mente, reagi de um modo inconsequente, receio, muitas vezes à pergunta "Você não tinha um cachorro?", respondendo "Eu e os cachorros não teríamos durado muito tempo no mesmo barco, de jeito nenhum!". Um gato teria sido um animal menos danoso, arrisco-me a dizer, mas não havia nada para um gato fazer a bordo, e os gatos são, na melhor das hipóteses, pouco sociáveis. De fato, um rato entrou no meu barco nas Ilhas Keeling, e outro em Rodrigues, assim como uma centopeia se escondeu no cavername; mas um deles eu consegui expulsar do barco, e o outro, capturei. Eis como foi isso: para o primeiro rato, com muito trabalho, fiz uma armadilha, no intuito de capturá-lo e destruí-lo; mas o astuto roedor, para não ser enganado, entendeu a situação e desembarcou no dia em que terminei de fazer a ratoeira.

Segundo a tradição, é um bom sinal encontrar ratos em um barco, e tive intenção de tolerar o espertinho de Rodrigues; mas uma quebra de disciplina decidiu a questão contra ele. Enquanto eu dormia, numa noite, minha chalupa navegava, e o rato resolveu andar por cima de mim, a começar pelo topo da cabeça, região em que sou sempre muito sensível. Tenho sono leve. Antes que sua impertinência o levasse ao meu nariz, gritei "Rato!" e o agarrei pelo rabo, subi a escada até o convés e atirei-o ao mar.

Quanto à centopeia, eu não me dera conta de sua presença até que o maldito artrópode, cheio de pés e veneno, começando, como o rato, pela minha cabeça, acordou-me com uma forte mordida na calva. Isso também foi além do que eu poderia tolerar. Após algumas aplicações de querosene, a mordida venenosa, dolorosa a princípio, não me causou mais inconveniências.

A partir desse momento, por algum tempo, nenhuma criatura viva perturbou minha solidão; nem um inseto apareceu mais em meu barco. Certa vez, avistei uma aranha e seu cônjuge, vindos de Boston, agora com uma família de jovens aranhas. Nada, eu disse, até chegar ao trecho final do Oceano Índico, onde os mosquitos vieram às centenas, nascidos da água da chuva despejada dos céus. Bastou um barril de água de chuva, deixado por cerca de cinco dias ao sol, e a música começou. Logo identifiquei o som; era o mesmo zumbido que se ouvia do Alasca a Nova Orleans.

Outra vez, na Cidade do Cabo, jantando fora um dia, fiquei impressionado ao ouvir o canto de um grilo, e o senhor Branscombe, meu anfitrião, prometeu capturar um par de grilos para mim. Os grilos foram enviados a bordo no dia seguinte, dentro de uma caixa com seus nomes, Plutão e Patife. Guardando-os na bitácula, dentro de sua própria caixa aconchegante, deixei-os sem comida até zarpar novamente — dali a alguns dias. Nunca tinha ouvido falar sobre alimentação de grilos. Aparentemente, Plutão era canibal, pois apenas as asas do pobre Patife estavam visíveis quando abri a tampa, partidas, no chão da cela da caixa. Mas Plutão também padeceu, pois estava deitado de costas, imóvel e rígido, e nunca mais cricrilou.

A Ilha de Ascensão, onde o bode foi abandonado, é considerada uma "Fragata de Pedra", base da Marinha Real, e considerada "amiga" pelo Esquadrão Sul-Africano. Ela fica a 7°35'S e 14°25'W, no coração da zona dos alísios de sudeste e cerca de 840 milhas da costa da Libéria. Trata-se de uma massa de matéria vulcânica, lançada desde o leito do oceano à altura de 2.818 pés, no ponto mais alto acima do nível do mar. É um ponto estratégico, e já pertencia à Grã-Bretanha antes mesmo de esfriar. No terreno limitado, porém fértil, do alto da ilha, entre as nuvens, a vegetação se firmou, e um pequeno projeto agrário científico vem sendo supervisionado por um cavalheiro do Canadá. Também há algumas vacas e ovelhas que pastam por ali para manutenção da guarnição. O armazenamento de água é feito em larga escala. Em suma, essa pilha de cinzas e lava petrificada é bem provida e fortificada, e resistiria bem a um cerco.

Pouco depois da chegada do *Spray*, recebi uma mensagem do capitão Blaxland, comandante da ilha, transmitindo sua gratidão por eu ter trazido o correio real de Santa Helena e me convidando para almoçar com ele, a esposa e a irmã no quartel-general, não muito distante do porto. Nem preciso dizer que aceitei logo a hospitalidade do capitão. Uma carruagem me esperava no cais assim que desembarquei, e um marinheiro, com um sorriso largo, conduziu cuidadosamente o cavalo morro acima até a casa do capitão, como se eu fosse um *lord* do almirantado, e também governador; e ele a conduziu com o mesmo cuidado morro abaixo, quando desceu para me levar de volta. No dia seguinte, visitei o topo da montanha entre as nuvens, a mesma carruagem foi oferecida, e o mesmo velho marinheiro como cocheiro. É provável que não houvesse ninguém na ilha naquele momento mais bem habilitado para caminhar do que eu. O marinheiro sabia disso. Enfim, sugeri que trocássemos de lugar. "Solte essas rédeas!", eu lhe disse. "Mas cuidado para o cavalo não sair correndo!" Então, ele exclamou "Grande Fragata de Pedra!" e explodiu em uma gargalhada. "Esse pangaré é mais lerdo que uma tartaruga. Se eu soltar, a gente não chega nunca ao porto!", ele arrematou. Andei a maior parte do caminho por aqueles aclives, enquanto meu guia, marujo até os ossos, tornou-se meu amigo. Chegando ao cume da ilha, conheci o senhor Schank, o agricultor canadense, e sua irmã, que viviam muito confortavelmente em uma casa em meio aos rochedos, aconchegante como pelo de coelho, e bem segura. Ele me mostrou a fazenda, levando-me através de um túnel que levava de um campo para o outro, que eram divididos por um esporão de montanha. O senhor Schank disse que havia perdido muitas vacas e bois, assim como ovelhas, que quebravam o pescoço caindo dos íngremes penhascos e precipícios. Uma vaca, segundo ele, às vezes empurrava outra até um precipício e a derrubava, para depois continuar pastando despreocupadamente. Aparentemente, os animais naquela fazenda na ilha, como a humanidade no vasto mundo, achavam a terra pequena demais.

No dia 26 de abril, enquanto estava em terra firme, entraram ondas que tornaram impossível tomar um bote. No entanto, com a chalupa bem ancorada em águas profundas, depois da última arrebentação, e muito bem instalado, ouvi histórias bem contadas pelos oficiais da "Fragata de Pedra". Ao anoitecer do dia 29, quando o mar já havia se acalmado, subi a bordo e fiz preparativos para recomeçar minha viagem bem cedo no dia seguinte; o contramestre da ilha e sua tripulação apertaram efusivamente minha mão quando embarquei no cais.

Por questões de interesse científico, solicitei uma minuciosa inspeção da lista completa de tripulantes do *Spray*. Pouquíssimos foram os que tentaram, e talvez ainda menos os que tentarão depois; mas, para benefício dos raros que talvez tentem, quero registrar, além de qualquer dúvida, o fato de que não foi necessário na expedição de uma chalupa ao redor do mundo mais do que um tripulante, no total, e que o *Spray* navegou apenas com uma pessoa a bordo. E assim, conforme combinado, o tenente Eagles, oficial executivo, pela manhã, quando eu estava pronto para zarpar, fumegou a chalupa, tornando impossível para qualquer um sobreviver escondido no cavername, e comprovando que apenas uma pessoa estava a bordo na chegada. Um certificado nesse sentido, além dos documentos oficiais de muitos consulados, oficiais sanitários e alfândegas, parecerá a muitos supérfluo; mas esta história da viagem pode chegar às mãos de pessoas pouco familiarizadas com o serviço desses oficiais e com seu modo de verificar se os papéis de uma embarcação e, sobretudo, seus registros sanitários estão em ordem.

Preparado o certificado do tenente, o *Spray*, de bom grado, então, passou além das pedras batidas pelo mar, e os ventos alísios, confortavelmente frescos e estimulantes, lançaram a chalupa em seu curso. No dia 8 de maio de 1898, cruzei, na volta, o trajeto que fizera em 2 de outubro de 1895, na ida. A chalupa passou ao largo de Fernando de Noronha à noite, rumando algumas milhas ao sul, de modo que não vi a ilha. Senti um contentamento em saber que o *Spray* tinha dado a volta no globo e, mesmo que só pela aventura, não tive dúvidas de sua utilidade; então, disse comigo mesmo: "Aconteça o que acontecer daqui em diante, a viagem está agora registrada!". E pus um ponto final.

CAPÍTULO XX

No dia 10 de maio, houve uma grande transformação nas condições de mar; não havia dúvida sobre a minha longitude agora, se é que em algum momento tive alguma dúvida. Ondas de corrente, estranhas e esquecidas, bateram contra os costados da chalupa, produzindo uma música adorável; a canção cativou o remo, e me sentei sossegadamente ouvindo, enquanto o *Spray* seguia em seu curso. Com essas ondas de corrente tive certeza de que a chalupa agora estava ao largo de São Roque, e havia entrado na corrente que varre aquele cabo. Os ventos alísios, como dizemos os velhos marinheiros, produzem essa corrente, que, em sua trajetória desse ponto em diante, é governada pelos litorais do Brasil, da Guiana e da Venezuela e, como alguns poderiam dizer, pela Doutrina Monroe.

Os ventos alísios vinham soprando com frescor por algum tempo, e a corrente, então em seu ápice, chegava a 40 milhas por dia. Isso, agregado ao desempenho da chalupa segundo a barquilha, constituiu um avanço diário de 180 milhas durante vários dias consecutivos. Nada vi da costa do Brasil, embora não estivesse muitas léguas ao largo e estivesse o tempo todo na corrente brasileira.

Eu não sabia que a guerra com a Espanha havia sido declarada, e que eu poderia acabar encontrando ali mesmo o inimigo e ser capturado. Muitos me disseram, na Cidade do Cabo, que, segundo eles, a guerra era inevitável, e me alertaram: "Os espanhóis vão te pegar! Os espanhóis vão te pegar!". A tudo isso eu só podia dizer que, se me pegassem, não pegariam grande coisa. Mesmo com o alvoroço em torno do desastre com o *Maine*, não pensei que fosse haver guerra; mas não sou nenhum político. Na verdade, eu não chegara a pensar seriamente no assunto, até que, em 14 de maio, pouco ao norte do Equador, e próximo da longitude do Rio Amazonas, avistei, a princípio, um mastro, com as Estrelas e Listras hasteadas, surgindo à popa, como se tivesse sido expelido de dentro do mar, e então, rapidamente aparecendo no horizonte, como uma cidadela, o *Oregon*! Quando esse navio de guerra se aproximou, exibia as bandeiras com os sinais "C B T", que significavam "Algum navio de guerra por perto?". Logo abaixo dessas bandeiras, e maior do que a vela mestra do *Spray*, segundo me pareceu, estava a mais amarela bandeira espanhola que eu já havia visto na vida. Isso me causou pesadelos quando se refletiu nos meus sonhos.

O *Spray* passando pelo *Oregon*.

Só decifrei os sinais do *Oregon* quando este passou na minha frente, onde pude ler melhor, pois estava a duas milhas de distância, e eu não tinha binóculos. Depois que li suas bandeiras, icei o sinal "Não", pois eu não tinha visto nenhum navio de guerra espanhol; nem estava procurando nenhum. Meu primeiro sinal, "Vamos ficar juntos para proteção mútua", o capitão Clark não pareceu considerar necessário. Talvez minhas bandeiras fossem pequenas demais para serem lidas; seja como for, o *Oregon* seguiu em frente, a todo vapor, procurando navios espanhóis, como fiquei sabendo depois. A grande bandeira do *Oregon* balançou com elegância três vezes para a bandeira descida do *Spray* nessa ultrapassagem. Ambos havíamos cruzado a linha apenas algumas horas antes. Nessa noite, especulei sobre a probabilidade de um risco de guerra ocorrer ao *Spray* depois de tudo o que a chalupa passou — todos, ou quase todos, os perigos do mar, mas, enfim, uma forte esperança dominou meu medo.

No dia 17 de maio, o *Spray*, saindo de uma tempestade em plena luz do dia, avistou a Ilha do Diabo, dois pontos a barlavento, não muito distante. Soprava ainda uma brisa firme na costa. Pude ver claramente os edifícios cinza-escuros na ilha quando a chalupa se aproximou. Nenhuma bandeira ou sinal de vida se avistava naquele lugar desolado.

Mais tarde naquele dia, uma barca francesa a bombordo, em direção a Cayenne, apareceu com a bolina cerrada. Ela se arrastava rapidamente para barlavento. O *Spray* também vinha com a bolina cerrada e contava com as próprias velas para garantir um afastamento de estibordo, pois a forte ondulação da noite me levara para mais perto da costa, e então considerei a questão de suplicar por uma mudança de vento. Eu já havia desfrutado minha cota de brisas favoráveis nos grandes oceanos e me perguntei se seria certo ter todo o vento virado para as minhas velas, enquanto o francês ia na outra direção. Uma corrente forte, que ele enfrentava, além do vento fraco, já era ruim o suficiente para o francês. E, assim, só pude dizer, do fundo do peito: "Senhor, que as coisas continuem assim, mas não ajude demais esse francês, pois o que seria bom para ele, agora, seria minha ruína!".

Lembrei-me de ter ouvido, quando rapaz, um capitão que dizia isso quando o vento mudava de sudeste para noroeste, atendendo a suas orações. Ele era um bom homem, mas acaso isso glorifica o arquiteto — o regente — dos ventos e das ondas? Além do mais, não era um vento alísio, segundo me lembro, que mudava para ele, mas um vento variável que mudará se você pedir, se você pedir por muito tempo. Mais uma vez, esse irmão do homem acaso não seguia na direção oposta, contente de sua parte com o vento a favor, o que fazia toda a diferença do mundo?[19]

No dia 18 de maio de 1898, foi escrito em letras grandes no diário de bordo do *Spray*: "Esta noite, na latitude 7°13'N, pela primeira vez em quase três anos, avistei a Estrela do Norte". O *Spray*, no dia seguinte, registrou 147 milhas. A estas, agrego 35 milhas, graças à corrente que nos impulsionava adiante. No dia 20 de maio, por volta do poente, a Ilha de Tobago, na altura do Orinoco, apareceu, no rumo oeste e norte, à distância de 22 milhas. O *Spray* se aproximava rapidamente de seu destino final. Mais tarde, naquela noite, passando veloz ao largo da costa de Tobago, o vento ainda fresco, assustei-me com o súbito lampejo de espuma de ondas a bombordo e não muito distantes. No mesmo instante, orcei para fora, e depois cambei, em direção à ilha. Encontrando-me, pouco depois, perto da costa, cambei novamente para fora, mas sem correr grandes riscos. Navegando na direção que fosse, pareceu-me claro que, se a chalupa escapasse das pedras, seria por um triz, e assisti com aflição a seu retrocesso constante ao se bater contra a corrente. Assim se passaram horas e mais horas, enquanto eu observava lampejos de luz vindos das cristas dos vagalhões oceânicos, que me pareciam sempre cada vez mais próximos. Eram evidências de um recife de coral — disso eu não tinha a menor dúvida —, e um recife terrível, aliás. Pior, podia haver ainda outros recifes adiante, formando uma angra, para a qual a correnteza me varreria, e onde eu acabaria cercado e, por fim, naufragaria. Eu navegava aquelas águas desde que era moço, e lamentei o dia em que permiti embarcar o bode que comeu minha carta náutica. Recorri à minha memória de lendas marinhas, de naufrágios em recifes submersos e dos piratas ancorados entre os recifes de coral, onde outros navios não conseguiriam chegar, mas nada do que consegui relembrar se aplicava à Ilha de Tobago, exceto o naufrágio do navio de Robinson Crusoé, na ficção, que

---

19. O bispo de Melbourne (minha gratidão por seus ensinamentos) recusava-se a fazer uma oração especial para pedir chuva, recomendando que as pessoas guardassem água na estação chuvosa. De modo similar, o navegador guarda o vento, "calibrando-o" sempre que for possível.

pouca informação trazia sobre recifes. Lembrei-me apenas de que, no caso de Crusoé, ele manteve a pólvora seca. "Mas eis outra onda!", exclamei, "como os lampejos estão perto agora! Essa última quase quebrou no convés! Mas você conseguirá seguir em frente, *Spray*, minha chalupa! Agora, pelo costado! Mais um vagalhão! Oh, mais uma dessa varrerá você de proa a popa!", e dei um tapa em sua popa, orgulhoso do último esforço da chalupa para escapar do perigo, bem quando uma onda maior do que as outras lançou a chalupa mais alto que nunca. Vejam só, sob a crista da vaga se revelou, de repente, o mistério do recife inteiro. Caí de costas em um rolo de cabo, mudo e perplexo, não aflito, mas entusiasmado. A lâmpada de Aladdin! Minha lanterna de pescador! Era o grande farol giratório da Ilha de Trinidad, trinta milhas distante, lançando lampejos sobre as ondas, que havia me enganado! A órbita do farol agora estava mergulhando no horizonte, e que visão gloriosa foi isso! Mas, caro pai Netuno, depois de uma longa vida marinha e entre muitos corais, eu podia jurar pela minha vida que aquilo era um recife! Pelo resto da noite, vi recifes imaginários, e, como não sabia se a chalupa acabaria encontrando um recife real, ziguezagueei até o amanhecer, mantendo-me o máximo possível no mesmo curso, graças à ausência da carta náutica. E como eu quis pregar a pele daquele bode de Santa Helena no meu convés...

Eu seguia agora rumo a Granada, para onde eu levaria cartas de Maurício. Cheguei à ilha por volta da meia-noite do dia 22 de maio e lancei âncora próximo à cidade de Saint George, entrando no porto ao raiar do dia, na manhã do dia 23, o que completou quarenta e dois dias de navegação desde o Cabo da Boa Esperança. Foi um bom desempenho, e tirei o chapéu mais uma vez para o piloto da caravela *Pinta*.

Lady Bruce, em mensagem ao *Spray* em Port Louis, disse que Granada era uma ilha adorável e que desejava que a chalupa pudesse visitar a ilha na viagem de volta. Quando o *Spray* chegou, descobri que já me aguardavam. "Como isso é possível?", perguntei. "Oh, soubemos que você esteve em Maurício", me disseram, "e depois de Maurício, depois de encontrar o senhor Charles Bruce, nosso velho governador, ficamos sabendo que você viria a Granada!". Essa foi uma apresentação encantadora, e me pôs em contato com pessoas de muito valor.

O *Spray* zarpou de Granada no dia 28 de maio e percorreu a costa a sotavento das Antilhas, chegando à Ilha de Dominica no dia 30, onde, por falta de conhecimento, ancorei no cais de quarentena; pois eu não tinha mais a carta náutica das ilhas e não havia conseguido outra em Granada. Ali, não só tive mais decepção nesse assunto como ainda fui ameaçado com uma multa pelo equívoco na ancoragem. Não havia outros barcos, nem no cais de quarentena nem nos canais comerciais, e não achei que faria muita diferença onde eu ancorasse. Mas um homem negro, uma espécie de assistente do capitão do porto, aproximou-se, achou que fazia, sim, muita diferença e me mandou mudar para outra ancoragem, o que, a bem da verdade, eu já havia considerado, porém não gostei da alternativa, por causa das ondas pesadas vindas do mar que alcançariam a chalupa ali. E, então, em vez de subir logo nos mastros para trocar as velas, eu disse que sairia assim que obtivesse uma carta náutica, a qual solicitei que ele fosse buscar para mim. "Mas, antes de tudo, você tem de sair", ele insistiu e, erguendo a voz para que todos no cais pudessem ouvi-lo, arrematou: "Saia já!". Em seguida, ele foi tomado por uma grande paixão, pois no cais as pessoas começaram a rir ao ver a tripulação do *Spray* sentada calmamente na amurada em vez de içar a vela. "Estou avisando que aqui é o cais de quarentena!", ele berrou muito mais alto do que antes. "Tudo bem, general", eu respondi, "quero ficar de quarentena!". Então, da praia, alguém gritou "Isso mesmo, chefe, isso mesmo; você vai ficar de quarentena", enquanto outros gritavam para o assistente "tirar aquele lixo branco dali". As pessoas estavam divididas na ilha — parte a meu favor, parte contra. Esse homem, que causou tanta polêmica, desistiu quando viu que eu queria ficar quarentenado e foi buscar seu superior, um almofadinha, que logo se aproximou, engomado da cabeça aos pés. Ele veio, muito ereto e altivo, como uma sonda de água de poço — um verdadeiro prodígio da arrogância. "Cartas náuticas!?", exclamei, assim que seu colarinho branco apareceu na amurada da chalupa. "Vocês têm cartas náuticas?", perguntei, ao que ele respondeu que não com uma dignidade forçada: "Não, senhor; as cartas náuticas não nascem em árvores aqui!". Sem duvidar da informação, levantei âncora imediatamente, como era minha intenção inicial, e rumei a todo pano para

St. John, Antígua, onde cheguei em 1º de junho, seguindo todo o tempo com grande cautela pelo canal.

O *Spray*, sempre em boa companhia, então, foi recebido pela lancha a vapor dos oficiais da capitania, na entrada do porto, tendo a bordo o senhor Francis Fleming, governador das Ilhas de Barlavento, que, para deleite de "toda a tripulação", deu ao oficial encarregado instruções para rebocar minha chalupa até o porto. No dia seguinte, Sua Excelência e *lady* Fleming, assim como o capitão Burr, da marinha britânica, vieram me visitar. O tribunal da cidade foi aberto para mim em Antígua, assim como havia sido em Granada, e em ambos uma plateia muito inteligente lotou o salão para me ouvir falar sobre os mares que o *Spray* havia cruzado e as regiões que a chalupa visitara.

CAPÍTULO XXI

No dia 4 de junho de 1898, o *Spray* foi liberado pelo consulado dos Estados Unidos, e sua licença para navegação solitária, mesmo que dando a volta ao mundo, foi devolvida pela última vez. O cônsul dos Estados Unidos, o senhor Hunt, antes de me entregar o documento, escreveu no verso, como o general Roberts fizera na Cidade do Cabo, um breve comentário sobre a viagem. O documento, segundo o protocolo, hoje está arquivado no Departamento do Tesouro em Washington, D. C.

No dia 5 de junho de 1898, o *Spray* zarpou em direção a seu porto de origem, rumando primeiro para Cape Hatteras. Em 8 de junho, a chalupa passou sob o sol do sul para o norte; a inclinação solar daquele dia era de 22°54', e a latitude do *Spray* era a mesma pouco antes do meio-dia. Muitos pensam que é quente demais nessa região debaixo do sol. Isso não é, de todo modo, verdade. O termômetro se mantém em um ponto suportável sempre que há brisa e ondas no mar, mesmo embaixo do sol a pino. Muitas vezes, é mais quente nas cidades e nos litorais arenosos em altitudes maiores.

O *Spray* voltava alegremente para casa, com seu bom desempenho usual, quando subitamente penetrou na "latitude dos cavalos", e suas velas penderam frouxas na calmaria. Eu havia quase me esquecido daquele cinturão de calmarias, ou talvez até o considerasse um mito até então. Agora,

233

contudo, eu descobria que era real e difícil de atravessar. Seria mesmo de se esperar, pois, depois de todos os perigos do mar, da tempestade de areia da costa da África, da "chuva de sangue" na Austrália e do risco de guerra na volta para casa, uma experiência natural teria ficado de fora sem a presença da "latitude dos cavalos". Seja como for, não fosse uma guinada filosófica de pensamento, minha paciência teria sido abandonada na entrada do porto. A duração desse teste foi de oito dias. Noite após noite durante esse período, li à luz de vela no convés. Não havia nenhum vento, e o mar ficou liso e monótono. Durante três dias, avistei no horizonte um navio também estacionado, esperando.

O sargaço, espalhado pelo mar, ou curiosamente alinhado pelo vento em faixas estreitas, ali se aglomerava em vastos campos, com estranhos animais marinhos, pequenos e grandes, entrando e saindo, sendo o mais curioso deles um minúsculo cavalo-marinho que capturei e trouxe para casa, vivo, dentro de uma garrafa. Enfim, no dia 18 de junho, começou a soprar um vendaval de sudoeste, e o sargaço se dispersou novamente em faixas e alamedas de vento.

Nesse dia, logo houve vento suficiente, e até de sobra. O mesmo se poderia dizer do mar. O *Spray* estava no meio da turbulenta Corrente do Golfo. A chalupa saltava como uma toninha sobre as ondas agitadas. Como se quisesse compensar o tempo perdido, a chalupa parecia tocar apenas nas cristas. Com os choques e esforços súbitos, seu aparelho começou a ceder. Primeiro, o cabo da vela mestra foi arrancado, e, depois, a ponta da adriça se soltou da antena. Estava na hora de rizar e reaparelhar, e, então, quando "toda a tripulação" veio para o convés, passei a trabalhar.

O dia 19 de junho estava bonito, mas, na manhã do dia 20, outro vendaval soprou, acompanhado de mares agitados, o que sacudiu e balançou a chalupa, causando grande confusão. Quando eu estava pensando em recolher as velas, o estai da giba soltou-se do mastro principal e caiu, com giba e tudo, no mar. Tive uma sensação muito estranha ao ver a vela murcha cair no mar e, no local onde ela ficava, de repente, ver apenas o espaço vazio. No entanto, eu estava na proa e tive a presença de espírito suficiente para apanhá-la do mar na primeira onda que se formou, antes que fosse destroçada ou arrastada para baixo da chalupa. Descobri, pela quantidade de trabalho desempenhado em três minutos ou menos, que eu não estava enferrujado pela viagem; seja como for, não havia escorbuto a bordo e, estando agora a poucos graus de casa, eu poderia completar a viagem, pensei, sem precisar ir ao médico. Sim, minha saúde ainda estava boa, e eu conseguia saltar pelo convés com agilidade, mas será que conseguiria escalar um mastro? O grande rei Netuno me testou duramente nessa ocasião, pois, sem estai, o mastro balançava feito um junco, e não era fácil escalá-lo; mas consegui içar um bloco de polias, e a estai ficou tensionada pelo mastro principal, pois eu tinha um bloco sobressalente e cabo suficiente a bordo para aparelhar; e a giba, com rizadura, logo se inflou e nos levou para casa. Embora o mastro do *Spray* não estivesse bem firme, no entanto, a chalupa continuou "inteira" quando a estai se quebrou. O bom trabalho da construção do meu barco sempre me valeu.

No dia 23 de junho, fiquei, enfim, exausto, exausto de tantos vendavais e mares agitados. Não vi nenhum barco durante dias e dias em que eu esperava ao menos uma escuna aqui e ali. Havia o assobio do vento no aparelho e o choque das ondas no costado da chalupa, o que foi bom, pois não poderíamos passar sem, o *Spray* e eu; mas agora ventava tanto, e durante tanto tempo! Ao meio-dia, daquele mesmo dia, uma tempestade invernal desabou no noroeste. Na Corrente do Golfo, no fim de junho, havia granizo caindo no *Spray*, e relâmpagos despejados das nuvens, não em raios isolados, mas em fluxo quase contínuo. Aos trancos, contudo, dia e noite manobrei minha chalupa em direção à costa, onde, no dia 25 de junho, ao largo de Fire Island, entrei no tornado que, uma hora antes, varrera a cidade de Nova York, com raios que destruíram edifícios e estilhaçaram árvores; até mesmo os navios atracados foram arrancados de suas docas e se chocaram com outros navios, causando grande estrago. Foi o clímax tempestuoso da viagem, mas reconheci seu caráter inconfundível a tempo de acondicionar tudo a bordo e receber o tornado com as velas recolhidas. Mesmo assim, a chalupa estremeceu sob a tempestade e adernou contrariada em suas vigas; mas girou, com uma âncora na proa, endireitou-se e escapou da tempestade. No meio do vendaval, eu não poderia fazer nada além de observar; o que é um homem em uma tempestade assim? Eu havia presenciado uma única tempestade de raios na viagem, ao largo da costa de Madagascar, mas essa era diferente: os relâmpagos continuaram por mais tempo, e os raios caíam no mar por toda a volta. Até esse momento, rumava para Nova York; mas, quando tudo acabou, eu me levantei, icei as velas e manobrei a chalupa, de estibordo para bombordo, rumo a um porto seguro, para poder pensar melhor na situação. E, assim, com velas rizadas, a chalupa alcançou a costa de Long Island, enquanto eu fiquei sentado, pensando e observando os barcos que começaram a aparecer na costa. As reflexões da viagem, tão perto de terminar, impuseram-se sobre mim nesse momento; muitas canções que cantarolei inúmeras vezes voltaram novamente. Eu me vi repetindo fragmentos de um hino muitas vezes cantado por uma querida senhora cristã de Fairhaven, quando eu estava reformando o *Spray*. Ouvi mais uma última vez, em profunda solenidade, o hino metafórico:

Por ondas e ventos, lançado e conduzido.

E ainda:

Mas ainda assim a chalupa supera
os ventos estrondosos e a procela.

Depois dessa tempestade, nunca mais vi o piloto da caravela *Pinta*.

As experiências da viagem do *Spray*, ao longo de três anos, foram para mim como ler um livro, um que fosse ficando cada vez mais interessante conforme o virar de suas páginas — até chegar à última e mais interessante de todas.

Quando raiou o dia, vi que o mar havia mudado de cor, de verde-escuro para claro. Lancei a sonda, que mediu treze braças de profundidade. Avistei terra pouco depois disso, algumas milhas a leste de Fire Island, e, navegando diante de uma brisa aprazível ao longo da costa, cheguei a Newport. O tempo, após o furioso vendaval, estava incrivelmente bom. O *Spray* contornou Montauk Point no início da tarde; Point Judith surgiu a bombordo ao escurecer; e a chalupa rumou para Beavertail em seguida. Nesse percurso, precisei passar por mais um perigo — o porto de Newport estava minado. O *Spray* navegou rente às pedras, por onde grandes calados, nem aliados nem inimigos, conseguiriam passar, e onde a chalupa não perturbaria a vigilância do canal. Foi por um triz; mas, em segurança suficiente, ela não encontrou minas nesse caminho rente às pedras. Aproximando-me do navio da guarda, o bom e velho *Dexter*, que eu conhecia bem, alguém a bordo entoou "Eis uma bela chalupa!". Logo lancei um sinal de luz e escutei a saudação "*Spray, ahoy!*". Era a voz de um aliado, e eu sabia que um aliado não dispararia contra o *Spray*. Diminuí a vela mestra, então, e o *Spray* seguiu na direção dos fachos do farol até o porto. Enfim, aportei em segurança, e ali, à uma hora da manhã de 27 de junho de 1898, ancorei, após um passeio de mais de 46 mil milhas ao redor do mundo, faltando dois dias para completar três anos e dois meses de ausência.

A tripulação estava bem? Eu não parecia bem? Eu havia lucrado em muitos aspectos com a viagem. Cheguei até a ganhar peso, e, de fato, estava uma libra mais pesado do que quando zarpei de Boston. Quanto a envelhecer, ora, o relógio da minha vida foi atrasado a ponto de meus amigos dizerem "O Slocum ficou moço de novo!". E, de fato, eu estava, ao menos dez anos mais jovem do que no dia em que derrubei a primeira árvore para construir o *Spray*.

Meu barco também estava melhor do que quando zarpou de Boston em sua longa viagem. Ainda era sólido como uma noz e calafetado como os melhores barcos das frotas de seu tempo. Não vazava uma gota — nem uma gota! A bomba, que havia sido pouco usada até chegarmos à Austrália, não fora utilizada mais nenhuma vez desde a ocasião.

O primeiro nome no livro de visitas do *Spray* naquele porto natal foi escrito por alguém que sempre dissera "O *Spray* vai voltar!". O *Spray* só se deu por satisfeito quando a levou de volta à terra natal, Fairhaven, Massachusetts, um pouco mais adiante. Eu tinha intenção de voltar ao lugar onde tudo começou, quando, como eu disse, comecei a retomar minha juventude. Assim, em 3 de julho, com bom vento, a chalupa valsou graciosamente pela costa e subiu o rio Acushnet até Fairhaven, onde a amarrei na mesma estaca de cedro fincada na margem que serviu a seu lançamento. Seria impossível voltar mais para casa do que isso.

Novamente amarrado à velha estaca em Fairhaven.

Se o *Spray* não descobriu nenhum continente em sua viagem, talvez seja porque não há mais continentes a serem descobertos; a chalupa nunca buscou novos mundos ou navegou para bravatear sobre os perigos do mar. Muito se tem difamado o mar. Encontrar o próprio caminho até terras já conhecidas é uma coisa boa. E, afinal, o *Spray* fez, sim, sua descoberta: mesmo o pior dos mares não é tão terrível para um barco bem-feito. Nenhum rei, nenhum país e nenhum tesouro cobraram nada na viagem do *Spray*, e a chalupa realizou tudo o que pretendia realizar.

Para se ter sucesso, no entanto, em qualquer coisa, é preciso entender seu trabalho e estar preparado para qualquer emergência. Olhando para trás, vejo, em minhas parcas conquistas, um conjunto não muito elegante de ferramentas de carpintaria, um relógio de lata e algumas tachas de ferro, não muitas — para auxiliar na função já mencionada nesta história. Mas, sobretudo, levo em conta alguns anos de estudos, em que aprendi a diligência das leis de Netuno. A essas leis, sempre tentei obedecer quando atravessei oceanos; isso valeu a pena.

E neste momento, sem ter aborrecido meus amigos, espero, com relatos científicos detalhados, teorias ou deduções, direi apenas que tentei contar simplesmente a história desta aventura. Tendo-o feito, à minha pobre maneira, agora lanço minha âncora; e deixo o *Spray*, por ora, em porto seguro.

Este livro foi impresso pela Grafilar
em fonte Minion Pro sobre papel Pólen Bold 70 g/m²
para a Edipro na outono de 2023.